各方推介

本書乃源於作者歸心祈禱的經驗所帶來的生命改變，其內容不但資料齊備，而且甚具卓見。書中引述了來自天主教和新教豐富多姿的屬靈資源，再加上每天的默觀祈禱操練和經文默想指引，讀者會被輕輕牽著，培養一份與上帝愈來愈深厚的情誼。

彭德瑪（Don Postema）
美國安阿伯密歇根州立大學（University of Michigan）校園牧養事工
榮休校牧

對於從未接觸過默觀祈禱的讀者，本書提供了一個容易入手並切合個人需要的方法，以四十天的時間實踐這種祈禱方式。本書旁徵博引，載述了發人深省的經文、歷史及傳記引文，把讀者帶進基督教默觀傳統的殿堂。

廸登・愛德華（Tilden Edwards）
沙崙靈命培育學院（Shalem Institute for Spiritual Formation）
創辦人兼資深院士

當代人心靈對深度與整全的渴求，可從基督教靈修中的默觀傳統得到餵養。作者邀請我們透過歸心祈禱，發掘和經驗三一上帝親密地內住在我們裏面，以及這臨在所帶來的醫治。對於那些追求一心專注於上帝的慈愛臨在以及願意照顧他人需要的人來說，這套實踐與理論兼備的指引確是不可多得的資源。

湯・舒宏達（Tom Schwanda）
美國伊利諾州惠頓大學（Wheaton College）
基督教靈命培育及事工副教授

靈修著作精選

歸心祈禱的操練

The Practice of Centering Prayer

Forty Days to a Closer Walk with God

與上帝親密同行40天

大衛·邁思勤 著
陳群英 譯

基道出版社

▼

靈修著作精選

歸心祈禱的操練

與上帝親密同行 40 天

Forty Days to a Closer Walk with God

The Practice of Centering Prayer

作者

大衛．邁思勤 J. David Muyskens

譯者

陳群英

責任編輯

陸志豪

裝幀設計

奇文雲海．設計顧問

■

出版 / 發行

基道出版社

香港沙田火炭坳背灣街 26 號富騰工業中心 10 樓 1011 室

LOGOS PUBLISHERS

Unit 1011, 10/F, Fo Tan Ind. Centre, 26 Au Pui Wan St., Shatin, Hong Kong

電話：(852) 2687-0331　傳真：(852) 2687-0281

網址：https://www.logos.com.hk

承印

陽光 (彩美) 印刷有限公司

●

7/2010 初版

Cat. No. LP639B

ISBN: 978-962-457-404-3

刷次	18	17	16	15	14	13	12	11	10	9
年份	2031	2030	2029	2028	2027	2026	2025	2024	2023	2022

致謝

我要感謝內子丹拿（Donna）的支持和鼓勵，她讓我花很長的時間在寫作上。

我特別要感謝多默．基廷（Thomas Keating）在本書寫作的整個過程中所給予的鼓勵。

感謝默觀外展網絡（Contemplative Outreach）的主席蓋爾．霍普樂（Gail Fitzpatrick-Hopler）和副主席卡爾．阿理哥（Carl Arico），他們幫忙審閱手稿，並為本書的出版給予支持。

我也感激多位朋友協助審閱初稿，並提供了他們的建議：伊萊恩．蒂特羅（Elaine Tetreault）、瑪麗亞．歐文斯（Maria Owens）、卡羅．波爾（Carole Vander Pols）、莫利．基廷（Molly Keating）、約翰．托普利夫（John Topliff）以及琳達．科克（Linda Koch）。感謝卡羅爾．羅特曼（Carol Rottman）透過她的寫作班給我的幫助，小女朱莉婭．奧斯滕多夫（Julia Ostendorf）給我提出的意見，新布倫瑞克神學院（New Brunswick Theological Seminary）靈修操練班學員給我的回應，還有靈泉（The Well）寫作班以下成員給我的寶貴意見：辛西婭．比奇（Cynthia Beach）、馬喬．喬丹（Marjo Jordan）、巴巴拉．舒爾茨（Barbara Schultze）、魯思．羅梅因（Ruth Romeyn）以及瑪麗．茲瓦安斯特拉（Mary Zwaanstra）。

我感謝馬可樓出版社（Upper Room Books）以下幾位編輯所提供的專業支援和意見：喬安．米勒（JoAnn Miller）、林恩．戴明（Lynne Deming）及麗塔．科利特（Rita Collett）。

最後我要感謝僕人教會（Church of the Servant）一個成人教育班的成員，他們參加了由卡羅．波爾和我就試行採用本書的材料所帶領的小組，當中成員包括：吉爾．艾特曼（Jill Franzee-Eitman）、伊萊恩．霍克斯特拉（Elaine Hoekstra）、羅比．基奇（Robbie Keech）、魯思．萊姆尼斯（Ruth Lemmenes）、安妮特．諾蒂克（J. Annette Nordyke）、帕姆．普蘭丁格（Pam Plantinga）、哈理．普蘭丁格（Harry Plantinga）、魯思．肖夫（Ruth Schoff）、斯蒂法妮．桑德伯格（Stephanie Sandberg）及南希．巴克（Nancy Van Baak）。

前言

我邀請你跟我進入一個充滿新發現和挑戰的旅程，但沿途我們總有上帝這位朋友以祂親切的愛扶持著我們前進。我們會學習一種以上帝為中心的祈禱方法：歸心祈禱（Centering Prayer）。這祈禱是表示你願意接受上帝對你的愛。我相信當你每天照著書中的指示去祈禱，你將會被帶到上帝更深厚的愛當中。這祈禱助你每天最少花幾分鐘時間暫時脫離周遭的噪音和張力，單單投進上帝愛的懷抱中。你也會學到怎樣處理靜默祈禱（silent prayer）最大的難題：來自內心的雜念。歸心祈禱是一種比言語更深層的禱告，且超越我們的思想和想像。它把我們帶到上帝的心懷。

詩篇四十六篇的話語是我們耳熟能詳的：「你們要休息，要知道我是上帝！」還有不少經文也提醒我們要進入安靜，在恬靜中迎見內住在我們心中的上帝。本書每一天的閱讀材料都引述一段呼喚我們進入默觀祈禱和默觀生活的經文。這些引自不同經卷的經文表明歸心祈禱是建基於聖經基礎之上的。

本書有兩個目的。第一，它要探索一種把我們帶到與上帝更深相交的祈禱方式。第二，它要鼓勵一種由內而外的生活方式，這股動力來自於上帝臨在我們生命的中心。

當耶穌在井旁跟撒馬利亞婦人交談，祂提到一個來自內裏的活水泉源，聖靈的活水湧流在其中。歸心祈禱流自這個深處，並由此流溢出一種有核心的生活（a centered life）。

你的生命可能一片混亂，支離破碎，沒有焦點。但當你進入祈禱中，你便同意生活有一新的方向。歸心祈禱把你的方向重新對準真正的中心，降服於居住在你內心的基督的一股向心引力。

有了這種轉向，隨之而來是另一種引力，一種向外的離心動力。你生活的動力於是發自中心，驅使你把愛伸延給他人，關懷受造蒼生，也為公義與和平努力。你於是過著由內而外，由基督帶領你去服事的生活。

這內程的祈禱是這樣的：「使你們內在的人剛強起來，使基督……住在你們心裏。」（弗三16～17，《新譯本》）這就是聖靈向心的工作，引領你進入與上帝的契合（communion）中。接著是一股離心的力量引領你進入一種愛的生命：「行事為人就當與蒙召的恩相稱。凡事謙虛、溫柔、忍耐，用愛心互相寬容。」（弗四1～2）這股服事他人的愛和勇氣，是源於與三一上帝的深厚關係。這種深層的私禱其實一點也不私人，它把人引領至與創造主和一切受造之物的契合。

在歸心祈禱中，你是降服於獨一的主面前，祂才是你真正的中心。每天操練歸心祈禱不但不會取代其他的祈禱方式（包括讚美、感謝、認罪和祈求），反而更加強這些禱告。本書將幫助你操練歸心祈禱和另一種以聖經來祈禱的方式。在歸心祈禱中，你是降服在獨一的主面前，祂是你真正的中心。你打開心扉，領受默觀祈禱的恩賜。

按照每天的讀經指示，你將開始操練一種以經文來祈禱的古老方法，即**聖言誦讀**（*lectio divina*），其字面意思就是「靈閱」（"divine reading"）。按照這種在早期基督教歷史發展出來的祈禱方法，讀經是為了從上帝領受一個字。你要專心留意從經文浮出來的一個字或一個片語。接著是默想這個字或片語，思想它對你的意義。從這思想會帶出你的祈禱（不論是無聲或有聲的）。這過程的最後一步是默觀，就是安歇在上帝裏面。在默觀中，聖經的字句會深深沉澱在你的潛意識中，對你的態度和言行起潛移默化之效。我們身處的社會步伐急速，每每令我們忽視這安靜時間，但我們卻是在此最深體會到上帝的愛。靈閱的四個層面的拉丁名稱為 *lectio*、*meditatio*、*oratio*、*contemplatio*，分別可譯作閱讀、思想、回應和安息。

如何閱讀本書

把本書從頭到末看一遍，可提供一個概覽，讓你認識歸心祈禱的操練方式、聖經背景以及在日常生活中的成果。我建議你用四十天的時間每天讀一篇，然後做當中的祈禱操練和讀經。為了培養每天祈禱的習慣，請考慮定出一個時間和地點。你可以把祈禱定為每天要做的第一件事，也可在每天撥出另一段時間，讓自己大概有四十分鐘的安靜時間。一兩件象徵主臨在的擺設也可幫助你祈禱，例如十字架、基督的聖像、蠟燭或花卉。除了本書，你還需要備有聖經和一本筆記簿。筆記簿可作為你寫下每天默想記錄的靈修札記。你可隨自己喜歡坐在地上或選擇一張舒適的椅子(但不要太舒適)。

你也可考慮與一個小組一起閱讀。組員各自進行每天的讀經和祈禱操練，然後每星期聚會一次，分享個人的反省，也聆聽他人的領受。如果小組在大齋期(Lent)使用本書，則可在聖灰星期三(Ash Wednesday)，即大齋首日開始做第一篇，然後每個主日聚會(大齋期的四十天並不包括星期日)。有關小組聚會的建議見載於本書頁 177。

目錄

第一天

祈禱的恩賜

主耶和華—以色列的聖者曾如此說：

你們得救在乎歸回安息；

你們得力在乎平靜安穩。

賽三十 15

鋪上油布的餐桌已經擺放定當，熱騰騰的食物散發的香氣令我們垂涎三尺。即使如此，我們一眾小孩子也不可先嘗一小口，總要等父親謝過飯，才可開始用膳——雖然這意味著食物會涼了一點。飯後，我們也要等父親唸誦一段經文，母親獻上感恩的禱告，我們才可離開桌子。這樣，我自小就明白祈禱的重要性。當我們到祖父母、叔伯和其他長輩家中作客，我也聽到他們在餐桌前禱告。父母還教我睡前祈禱。在主日，我更看見任職牧師的父親在講台上領禱。在星期三晚上的祈禱會裏，我也看到許多會友獻上即席的祈禱。我是這樣從長輩身上學會祈禱的，我為這年幼時建立的祈禱基礎感恩。

我所學到的祈禱，是向著那位遠超於我們之上的創造主發出的。這位宇宙萬物的偉大創始者和生命統管者坐在寶座上，大而可畏，滿有威榮。在祈禱中，我可以與這位滿有權能的主說話。我真的可以與祂溝通，被祂聆聽，就像身在遠方的遊子撥長途電話回家與父母談心一樣。如今我更發現，祈禱也可以是一種親密和個人的關係。上帝已經在基督裏臨到我們中間；因此，我們可以與上帝有親密的交談和愛的契合。

上帝是既遠且近，是既超越又內在於我們的。我們不只從遠處遙望，也以微距相見，與祂有至深至親的相交。上帝是萬有之源，是超乎我所能想像的，但祂也是那位此時此地隨時與我同在的情人。上帝是萬有的中心，祂寓於我存有的中心。因此，當我歸回這中心，我便得以張開心靈的眼睛去感受上帝的同在 —— 即是榮耀中的超越，也是此時此地的臨在。我領受上帝給我的這份恩賜，享受這種超乎言語所能形容的親密關係。我願意放下追求上帝的努力，只管安息在三一上帝的愛中。我放下種種牽掛，把自己降服在基督跟前。當雜念打擾，我也一一把它們放下，單單接受上帝的同在和聖靈在我裏面所作的恢復之工。

在這安靜的默觀祈禱中，我接受與至聖上帝契合的恩賜。我等待領受這份恩賜的臨到，就像等候花朵綻放一樣。我不能夠催逼花朵早一點綻放。我能夠做的，只是為剎那間美善的展露表達感激之情。

我對上帝表示感激的祈禱，採取各種不同的形式。有時我會聆聽上帝的話語；有時我會讚美、感恩、認罪、代求和祈求；有時我會在靜默無聲中接待基督，讓祂更新我的內心。

在日光沙灘上，我們只管躺在沙上，享受陽光溫暖著我們的身軀。在歸心祈禱中，我們所做的，則是沐浴在上帝的愛中(且不用懼怕患上皮膚癌呢！)，單單接受上帝溫暖的愛醫治我們，讓基督改變我們。

經過忍耐和專注的等待，這份恩賜在安靜中臨到我們。「我們靠著聖靈，憑著信心，等候所盼望的義。」(加五 5)「你當默然倚靠耶和華，耐性等候他。」(詩三十七 7)「我的心默默無聲，專等候上帝；我的救恩是從他而來。」(詩六十二 1)我們要做的，是放下一切，只要上帝。這樣的祈禱成為與上帝的親密契合，因為祂已在愛中臨在我們中間。這等候是值得的，因為這恩賜珍貴無比。

祈禱操練

在開始祈禱時，你通常選擇以哪個稱謂來稱呼上帝？你用來稱呼上帝的名字，可幫助你在靜默祈禱中保持著向主敞開的態度。來到主面前，你只是呼喚祂的名，無須進一步的行動；在歸心祈禱的過程中，你只要單單在愛的關係中與主相交。稍後你才聆聽主的話和作開聲的祈禱。至於現在，且讓自己進入與主靜寂的契合中。

開始時，我建議你最少花二十分鐘做歸心祈禱。如果不可行，則儘量抽出最多的時間。如果你最初開始是一天用五分鐘，下個星期可試行用十分鐘，直至慢慢加至最少二十分鐘。

當遇上雜念打擾，你可以暫時把它擱下，然後輕輕呼喚你慣常稱呼主的名字。每當你回到這名字，這表示你願意敞開心扉，迎接主溫馨的同在。

接下來請誦讀以賽亞書三十章 15 至 18 節。在誦讀經文前先作一個祈禱：「上帝，你有甚麼話要對我說？」誦讀經文不是為了得到知識，而是為了得到塑造；不是為了理解，而是為了領悟；不是為了思考關於上帝的事，而是為了認識上帝。容讓經文其中一個字向你說話，然後默想這個吸引你注意力的字。反覆默想這個字，試問一問：「我聽到的這個字，究竟對我有甚麼意思？」你可記下日期、所讀的經文、特別吸引你注意的字，以及你在默想時的思緒，以作為靈修札記的開始。接著以開聲的祈禱向主作出回應。如果你願意的話，也可將這禱辭記在靈修札記裏。最後，容許自己有一點時間單單安息在上帝裏面，從容地作比言語更深層的默觀祈禱。當你結束這段祈禱時間，請把從經文所領受的話帶到生活中，同時也帶著上帝所賜下的內在寧靜和平安。

靈修札記

第二天

一位年長的老師

我就常與你們同在，直到世界的末了。

太二十八 20

靄暉（Elfrieda MacIntyre）讓我認識到一種深邃和改變生命的祈禱方式。當時我的祈禱還限於謝飯禱告，以及以牧師的身分帶領會眾祈禱。我沒有每天個人禱告的習慣，祈禱也只是隨意和偶發的。

我認識靄暉時，她已經九十八歲。她還很有活力，從沒結過婚，曾當公立學校的老師。作為她在新澤西州霍波肯區（Hoboken）教會任命的教牧督導，我受會友所託到澤西市的寶勒醫院（Pollak Hospital）探望她。

靄暉有一份異常的喜樂，讓我們每次的探訪都覺得十分暢快。她對我帶來的教會消息和所述說的一切都深感興趣。這是我所認識的其中一個最快樂的人。

寶勒醫院以前是州內其中一所設備先進的醫院，為附近居民提供一流的醫療服務，但當時已變成一所老人護理院。該建築物高聳入雲，在澤西市十分奪目，但如今已殘舊不堪。

靄暉並未擁有任何一樣我所渴求的東西：薪金、退休金、子女成材、汽車、遊艇、旅遊、別人的認同。她與三位老人同住一間十五尺乘二十尺的房子，房內灰白的牆壁看來像是三十年沒有髹上油漆。陽光穿過那封滿塵的惟一一扇窗透進屋內。每人在這斗室各佔一角落，只有一張小牀、一個牀頭桌和一張椅子。我想，如果我是她，一定會感到相當憤怒和苦澀。

經過幾次探訪，我開始放膽跟她多談一點。一天，當我進入她的房間，見她坐著，雙目閉上，看來正在默想。我問她在想甚麼。靄暉這樣回答：「我在重複給自己唸誦聖經這句話：『我就常與你們同在，直到世界的末了。』」

我現在明白了！就是基督的同在，叫她在貧乏的境況中仍然喜樂。上帝與她同在，這確據充滿了她整個人。靄暉深知耶穌的應許：「我就常與你們同在。」當她默默地回想主這句話，便輕輕地意識到基督的臨在。

耶穌告訴祂的門徒：「我在父裏面，你們在我裏面，我也在你們裏面。」（約十四 20）活著的基督就住在我們裏面。耶穌說：「你們要常在我裏面，我也常在你們裏面。」（約十五 4）我們的靈魂成為了上帝的居所。使徒保羅也教導我們，我們在基督裏，聖靈也住在我們裏面（羅八 11）。真正喜樂的鑰匙，是來自內住於我們裏面的基督在改變我們。

我漸漸體會從靄暉身上學到的功課，她的祈禱方式是把心靈向內住的上帝敞開。雖然她不認識默觀祈禱這個名詞（我當時也不懂），但她其實已在實踐這種祈禱。雖然年屆九十八歲，但她仍是一位老師。

祈禱不止於對話。我們與上帝親密同行，有時需要說話，但有時只需要單單享受祂的同在。在靜寂的默觀祈禱中，我只是歇息在上帝裏。越過言語交談，我進入無言的契合中。

隨著關係加深，我們不再需要多話才可享受到彼此的陪伴。在一段親密關係裏，兩人珍惜彼此的同在，有時是說出來，有時則是盡在無言中。

祈禱可以成為耶穌應許常與我們同在更深的實現。

祈禱操練

騰出二十分鐘的時間，體會基督同在的恩賜。讓自己安靜；選擇一個舒服的坐姿，背要直，好讓自己鬆弛，但精神卻保持清醒。選用一個字作為這段祈禱時間的禱語（prayer word），這可以是你昨天用以呼喚上帝的名字，也可以是**耶穌**這名字。當有雜念出現，不要跟著它走，只管輕輕回到這個神聖的名字。

安靜禱告後，請翻開馬太福音二十八章 16 至 20 節。讓經文其中一個字浮現出來。聆聽上帝對你說的話。在靈修札記中寫上日期、經文和你所聽到的。以默禱和文字獻上你的祈禱。

逗留片刻，讓所聽到的沉澱。把基督與你同在的意識帶進每一刻。

靈修札記

第三天

內心聖靈的火焰

人的靈是耶和華的燈。

箴二十 27

我住在密歇根州西部，每當冬天臨到，我會取出溫暖的大衣，並檢查家中的煤氣爐。當恆溫器指示房子要加熱，爐子便會把燃料送到常燃小火（pilot light）的燃燒室。煤氣以空氣中的氧氣燃燒，使整個房子的空氣變得和暖。

上帝給我們每個人一把常燃的小火。我們都是按照上帝的形象被造，心中內置了對上帝的渴求。這渴求可以被燃點，成為對上帝的一團熊熊愛火。我們的心都可以火熱，就像那兩個往以馬忤斯路上的門徒，在遇見復活的基督時心裏火熱起來一樣。

當約翰．衛斯理（John Wesley）聽到路德（Luther）就羅馬書所寫的序言，他心中有一種「奇異的溫暖感覺」。是上帝的愛以及在基督裏的恩典這個信息給了他救恩的確據。聖經的話語成為了他心靈的燃料。當這話語得到聖靈的滋潤，就好像火在氧氣中燃燒起來一樣。上帝的氣給亞當和夏娃以至所有人帶來生命，也叫以西結異象中的枯骨復活。在五旬節，當聖靈的風吹拂著門徒，他們便得著能力和鼓勵。在我們裏面吹拂著的聖靈，也將我們的生命和愛火燃點起來。

十架約翰（John of the Cross）生於十六世紀中期至末葉，是西班牙加爾默羅會（Carmelite）的一位改革者。他曾把聖靈形容為「愛的活焰」。他這樣說：

> 靈魂感到裏面這團火焰，它不僅以甜蜜的愛把靈魂燃燒和轉化，更在裏面灼燃，發出炎炎火焰……當愛在燃燒，靈魂的意志與火焰在愛中結合，完全合一。[1]

祈禱表達了我們願意裏面的火被重新燃點起來。安靜時間可讓裏面這團火燃亮起來，改變我們。在歸心祈禱中，我們把一切放下，只選擇以一個字去表達我們同意主的臨在並在我們裏面作工。當雜念把我們帶走，離開與上帝的契合，我們只管回到這個禱語，表示我們再次轉向上帝。藉著這禱語，我們不停地渴望著領受基督慈愛的相伴和醫治。我們擱下種種窒礙這內心火焰的雜念，容讓基督的愛把一切抗拒和阻擋我們與上帝相交的東西銷毀。這些每每叫我們離開上帝的慾念要一一被煉淨。

天天祈禱的習慣需要操練。第一個挑戰便是坐下來。

我是個緩跑者。我很明白緩步跑最難的地方，是踏出門口的一步。我們需要撥出時間，實際進行練習。歸心祈禱的操練也需要我們每天有一段固定的祈禱時間。這不是一件容易的事，但我們總會為重要的事預留時間。

當我們撥出時間祈禱和讀聖經，心靈便為著上帝而不是為自己燃點起來。我們降服在基督跟前，這樣，裏面的光便照射出仁愛、喜樂和平安。

祈禱操練

敞開你的心靈，讓聖靈的微風挑旺你內心那團愛主的火焰。繼續你先前選用的禱語（或另一個字），以此作為一個記號，表達你同意上帝臨在並在你裏面作工。用二十分鐘的時間讓自己持續向主的愛敞開。你可以使用一個計時器，或者在需要時看一看鐘。當有雜念打擾，只要把它放下，然後回到你的禱語。以謝恩祈禱結束你的安靜時間。

閱讀使徒行傳二章 1 至 4 節。讓經文當中一個字浮現出來。反覆思想這個字。試想這字對你的意思。留意你對這個字的情緒反應。你需要怎樣做，好讓聖靈把你心中的火燃點起來？

在靈修札記中寫上日期、經文、上帝賜給你的話、你的思想。當你逗留在這靜默中，求主幫助和祝福你和你掛念的其他人。當你開始日常的事務，記得把所領受的話語和上帝溫暖的愛留在心中。

靈修札記

第四天

祈禱的不同層面

你當默然倚靠耶和華，耐性等候他。

詩三十七 7

祈禱的第一個層面，是上帝給我們的愛。在我們說出第一個字以先，聖靈已經把一個渴望置放在我們心中，使我們渴慕與那創造我們生命的源頭溝通。上帝既把生命和愛賜予我們，我們便在祈禱中以感恩的心領受這些恩賜。我們的祈禱是以聆聽開始，去接受在耶穌基督身上表達得最淋漓盡致的道。

祈禱的第二個層面，是我們作出回應。我們在患難中向上帝呼求，在感激中獻上謝恩。我們接受上帝的愛，因此報以讚美。我們也向上帝認罪，祈求祂的赦免。我們與上帝交談，向祂表達我們的愛，因祂先愛了我們。

祈禱的第三個層面，是我們與主有親密的契合。至聖上帝的愛和恩典吸引我們，叫我們投進祂純潔的愛的懷抱中。這個祈禱層面很多時被忽略。上帝渴望把默觀祈禱的恩賜給我們。歸心祈禱是幫助我們以敞開的心接受這份恩賜的一種方法。

在樹林中漫步，的確是件賞心樂事，但我們要親身體驗，才能明白箇中感受。我們當然可以想像，讀一些文章，或看一些圖片，但要明白這到底是怎麼一回事，我們一定要親身經歷。只有置身其中，我們才會讚歎那高聳大樹雄壯的氣派，那穿過樹梢空隙的光線給人的靈感，還有野花的香氣和松樹的芬芳。只有置身其中，我們才感受到那些生長在樹林地下的草木的蓬勃生機，看到它們怎樣努力向上攀緣，直至鑽穿蓋頂的樹叢而取得陽光。樹林也見證了生與死的循環不息：那漸漸腐化的枯葉成為潤土，滋養著新生命。只有當我們處身其中，在樹林的小徑中漫步，才能體會這種種。

玩風帆的道理也一樣。只有當我們真的踏上船，才能明白乘風破浪是怎麼一回事。我們當然可以作個旁觀者，從觀察中略懂一二。但要體會在水中飄揚的暢快感受，我們就必須泛舟水上。只有在水中，你才感受到風的威力。只有當我們全神貫注，把船尾的角度校準，為揚帆捕捉最大的風力，才可享受揚帆水中的刺激。

在屬靈生命中，只有當我們投入與那位至聖的主的關係中，才會認識內住在我們裏面的基督改變的大能，祂何等深邃和親密的愛，以及靠著聖靈所得的喜樂。我們首先要悅納這份恩賜，才能領略默觀祈禱的真諦。

當我們放下一切努力，並接受基督的愛，便能領受上帝臨在這份恩賜。靠著那已經賜予我們的聖靈，我們無須倚靠人的努力或言語。聖靈是在超乎言語、象徵和感覺的層面，賜予我們與主親密的關係。

有個故事講到一位猶太農夫。有一天，他在田中工作得入神，連太陽下山也不知道。這是逾越節的前夕，他不可以在日落後走路，惟有在田裏過夜。日出時，一位拉比經過，對他說：「你的家人昨晚很掛念你哩。」他歎了一口氣，把事情始末說出來。

拉比說：「那麼，希望你最少也記得唸誦指定的禱文吧。」

「沒有啊，」農夫答道。「真是糟糕。你知道嗎，我困擾得連所有字都忘記了。」

拉比接著問：「那麼，你怎樣渡過這個神聖的晚上？」

「我唸了字母，」那位農夫答道。「相信上帝會給我組成經文的字。」

當我們祈禱時，可以相信上帝會為我們構建要講的話。我們相信主既會把與祂的願望相符，又是我們內心的深切願望賜予我們。我們可以放下語言，讓聖靈在我們裏面禱告。「況且我們的軟弱有聖靈幫助，我們本不曉得當怎樣禱告，只是聖靈親自用說不出來的歎息替我們禱告。」（羅八 26）上帝知道我們的需要。在祈禱中，我們的心與主對我們和世界的每個心願相連結。在歸心祈禱中，這連結是在無言無語的靜默中進行。在其他的祈禱時間，我們是在聖靈的啟迪下，以言語表達我們的需要。

祈禱操練

端正地坐好，作深呼吸，進入安靜中。當你深深吸入一口氣，想像你在迎接上帝的靈臨在。在呼氣時，把一切阻礙你接受主臨在的事情放下。選取一個你喜歡稱呼上帝的名稱，或一個象徵你深深同意聖靈在你裏面的字。當遇上雜念，只管回到這個神聖的禱語，藉此幫助你再次以信心和愛心回到主面前。帶著這個字進入二十分鐘的安靜。以主禱文結束這段安靜時間。

閱讀詩篇三十七篇 1 至 7 節。讓經文其中一個字浮現出來。默想這字時，你有甚麼感受？在靈修札記中寫下日期、經文、所領受的字以及主對你說的話。獻上謝恩和祈求。再用多幾分鐘時間停留在安靜中，好預備自己在處理接著的事務中仍保持著這種禱告和默觀的心態。

靈修札記

第五天

讓主帶領我的步伐

你們要休息，要知道我是上帝！

詩四十六 10

從前我總有種催逼感要做個活動家（activist）。我認為我們是要藉著行動去事奉主。我相信基督來，是為要改變這個世界，而我是被召命去幫忙履行這個使命。因此，我盡心竭力，務要使教會給社會帶來影響。

我竭力「為主」，但卻沒有留意上帝正在做甚麼，也沒有等候上帝指示我怎樣參與其中。我覺得那些花時間作默觀祈禱的人是在浪費時間，他們都是逃避現實的人，在躲避世界的問題。他們逃避現實，而不是尋求真實。

我初嘗默觀祈禱的滋味，是參加一個由詹姆斯．芬黑根（James Fenhagen）帶領的退修會。他鼓勵我們反覆唸誦詩篇四十六篇這句話：「你們要休息，要知道我是上帝！」當我安靜地重複唸誦這句經文，我漸漸發現自己更深意識到上帝。

我於是間歇地被吸引作這種靜默式的祈禱，發現這帶來寧靜，也使我重新得力；可是還是繼續我在城市事工中的忙碌步伐。我參與了一個政治改革運動，也帶領福音茶座和家庭生活小組。在暑期，我帶領一個為市內兒童而設，為期六週的活動。我就是這樣忙於帶領教會，服事這個有愈來愈多移民的城市，以致沒有騰出多一點時間去祈禱。

後來我轉到另一個城市，所事奉的教會座落在一個有古老歷史的市中心。我繼續帶領會眾參與外展工作：加入了一個致力改變教會附近社區發展的工作小組，照顧受經濟發展威脅的貧困人士，並竭力保存周圍的環境和歷史建築物。我又代表教會加入一個提供低廉房屋的非牟利團體。這樣，我辛勞地履行一間城市教會牧師的職責，承受著人口改變和日益世俗化的挑戰。

到了一九八四年秋，我胸部和腹部的痛楚變得愈來愈嚴重，叫我不能坐視不理，於是我預約了醫生。但某個下午，我覺得已等不及幾週後的預約時間，於是跑到醫院的急症室。我接受了多項檢查和做了心電圖，也提供了我的病歷，接著我便躺在病人的輪牀上等候報告。不一會，一位醫生走過來問我：「你真的想自己一手包辦所有事嗎？」

我的不適都是源自緊張的情緒。那位醫生的問話真是一針見血，呼喚我要作出改變。原來我一直未有尋求上帝的指引和能力。我只是靠自己去做事。後來我辭退了兩個委員會的職務，在膳食中增添了纖維，又開始緩步跑。但最重要的改變，是我開始了固定且持恆的禱告。

當時彭德瑪（Don Postema）的著作《給上帝的空間：關於祈禱與靈修的探討與實踐》（*Space for God: The Study and Practice of Prayer and Spirituality*）剛面世，我急不及待一口氣把它看完。我開始在大清早祈禱，安靜地反覆唸誦禱文，例如「我屬於上帝」的禱文以及耶穌禱文：「主耶穌基督，求祢憐憫我。」然後我默想經文和祈禱。

彭德瑪提供了若干方法，教我們如何每天親近上帝。彭德瑪在密歇根州安阿伯（Ann Arbor）的密歇根州立大學擔任校牧，曾在安息年中跟耶魯神學院（Yale Divinity School）的盧雲（Henri Nouwen）在一起。在盧雲的鼓勵下，他把基督教早期歷史中沙漠人士以及歷代隱修士和神祕主義者默觀祈禱的豐富傳統加添在自己的改革宗神學當中。這加添帶來了一種感恩的屬靈氣質，也是我有所共鳴的。

我的屬靈根源是來自對上帝恩典的感激而產生的敬虔。根據《海德堡教理問答》（*Heidelberg Catechism*），我們既蒙受了救恩，就應當作出這樣的回應：「願我們整個生命……能夠表達對上帝的感激之情。」（1563 年《海德堡教理問答》，86 問）加爾文（John Calvin）撰寫《基督教要義》（*Institutes of the Christian Religion*）的用意，是為了燃點人們對上帝的敬畏和愛。[1] 我覺得彭德瑪一書對祈禱並以禱告的態度生活的重新關注，重燃了我祖父母從荷蘭帶來的敬虔主義。

我開始體會需要多少禱告才足以支持事奉。如果我沒有尋求上帝的指引和力量，不久我便會筋疲力盡，甚至油盡燈枯。

畢德生(Eugene H. Peterson)的《建造生命的牧養真諦》(*Working the Angles: The Shape of Pastoral Integrity*)一書在一九八七年面世。該書描述牧養的職責，以及維持這職事的活力的要訣。它啟發我去校正事奉的焦點。我的首要職責，不是充當一間非牟利機構的行政總裁，而是一位把人的目光帶到上帝那裏的屬靈領袖。當然，要稱職的話，我自己先要專注於上帝。我學到畢德生關於教牧事奉的三角學關係——這三角可看得見的三邊分別為傳道、教導和行政，而支撐著這三邊的力量，則來自以下三個角：聖經、祈禱和屬靈指導。

一九八九年七月，我參加了在明尼阿波利斯(Minneapolis)舉行，由畢德生主講的牧者會議。會後我找到一位來自避靜院修會(Sisters of the Cenacle)的修女擔任我的屬靈導師。她幫助我維持每天的祈禱操練，這不單讓我在祈禱時覺察上帝，而且叫我在其他時間更專注於祂。

祈禱操練

找個地方安頓下來，為祈禱作好預備。回想詩篇的話：「你們要休息，要知道我是上帝！」容讓自己進入靜止中，在當中領受深深覺察主的恩賜。祈求聖靈賜你一個字，用以表達你同意上帝的臨在並在你裏面作工。這個字可能跟你昨天所用的相同。當你進入這二十分鐘的安靜，輕輕帶出這字，向主敞開你的心。當你開始想到其他的事，只要輕輕回到這個字，重新表達你願意帶著信心和愛心與主在一起。最後，以感謝的話結束這段無聲的祈禱時間。

閱讀詩篇四十六篇。讓經文其中一個字或一句片語向你說話。聆聽聖靈透過這個字向你說甚麼。憶述你曾經歷過的醒覺，就是當你受感召，要進入與主更深的關係。寫下你的思想和祈禱回應。在這安靜的感恩中停留多幾分鐘。帶著主所賜給你的話。

靈修札記

第六天

上帝的形象

你們要常在我裏面，我也常在你們裏面。

約十五 4

如果我們對上帝的形象有所扭曲，便難以跟祂開展親密的關係。假如我們覺得上帝不會牽涉在凡塵事務中，便不會在發生的事情中看到祂的作為。假如我們以為上帝是遙不可及的，便不可能與祂有個人化的溝通。假如我們感覺祂儼如一位法官，要人以好行為去討悅祂；或是一位警察，時刻監察著我們的錯處，便會以為祂不可能愛我們。

上帝是遠遠大過我們所能想像的。但透過耶穌，我們得以認識我們的創造主是滿有慈愛的。聖經告訴我們，上帝就是愛，祂也喜悅我們。祂更來到我們中間，住在我們裏面。

我年少時已相信上帝。記得在陽光燦爛的一天，少年的我在祖母家的後院為著信心的恩賜而充滿感激之情。我們似乎需要信心給我們勇氣去過每一天。又記得有一天，當走過我所牧養的教會前面的草地，年青的我忽然得著了一刻超然的經歷。一種震撼的感覺在告訴我：**我愛上帝**。然而，上帝仍然高不可攀，遙不可及。

今天當我開始對默觀者和神祕主義者有更多的認識，便發現他們是多麼經歷上帝住在他們裏面。這曾經是我難以明白的。記得我曾告訴我的屬靈導師，雖然我認同那些感覺到上帝住在他們裏面的人的見證，但我倒沒有這種感覺。可是，藉著聖靈在我內心的工作，我開始體會到內住的基督的恩賜。久而久之，耶穌的話變得活潑：「你們要常在我裏面，我也常在你們裏面。」我心中不禁回響著這個禱告：「叫上帝一切所充滿的，充滿了你們。」（弗三19）透過聖經、祈禱以及屬靈導師耐心的同行，我漸漸意識到上帝住在我裏面。

由於我覺得屬靈指導很有用，也受感召要為別人提供屬靈指導，於是我參加了沙崙靈命培育學院（Shalem Institute for Spiritual Formation）的靈修指導課程。在這課程中我明白花時間安靜在主裏，與主同在的時間是多麼寶貴。

在靈修導師和這課程的幫助下，我的祈禱操練漸漸進深。每天早晨我都抽出時間祈禱。這段早禱時間包括讀經、默想和寫下靈修札記、安靜在主前以及為我所留意到別人的需要代求。

屬靈指導幫助我接觸內在的我。當我以敞開的心接受主慈愛的臨在和在我裏面所作的醫治之工，祈禱對我來說便成為了心靈的一樁事。

東方教會有這樣一則傳說：當撒該退休之後，他每天一大清早便去散步。他從來沒有告訴妻子到哪裏去。有一天，妻子再也禁不住好奇心，於是跟蹤他，想看個究竟。她看到撒該來到他最初遇見耶穌的那棵樹。他為樹根澆水，然後把周圍的雜草清除。他更愛意綿綿地把樹輕撫。

回到家中，妻子把跟蹤撒該和目睹他在樹旁所做的和盤托出。她問撒該是否每天都這樣做。「是的，」撒該答道。「這是我邂逅我心上人的地方。」

我們每一個人都需要每天的操練去記念我們心愛的人。這操練可以叫這愛在我們裏面保持活潑。

我們祈禱的地方也十分重要。每個人都可以找一處特別的地方：家中的一角、一個寧靜的祈禱室或教堂、退修中心或一處古舊的地方，它們都可以成為與主相會的地方。

祈禱操練

來到一處寧靜的地方，把腰板挺直，稍稍安頓下來，在安靜中開始意識上帝的愛，讓這愛充滿你的心。當遇上雜念令你分心，便回到帶著以下意思的字：「我的心向你的愛敞開。」

二十分鐘之後，閱讀約翰福音十五章1至5節。留意一個吸引你注意力的字，然後聆聽上帝藉這個字對你說甚麼，並寫在靈修札記裏。祈求上帝給你勇氣和專注力，讓你意識到基督每時每刻，並在你所遇見的每個人身上的臨在。

靈修札記

第七天

歸心祈禱的方法

你禱告的時候，要進你的內室，關上門，向在隱密中的天父禱告。

太六 6（《現代中文譯本》）

耶穌說，禱告的時候不要站在十字路口，故意叫人看見你有多虔誠。你倒要進入你的內室，在隱密處與那位愛你好像完全的父母一樣的上帝相交。這是你與你的「阿爸父」（“Abba”）獨處的私人時間。你進入與主的禱告中，祂就是那位你可以這個最親密的名字去認識祂的上帝，正如我們以**爸爸**或**老爹**等親暱的名字稱呼父親一樣。就在這隱密、靜默和獨處中，我們在愛中相遇。我們是在內心深處與主進入一種親密的關係，祂既是我們的創造主，也是我們矢志不渝的愛人。

在歸心祈禱中，你要選上一個字，它有時叫「禱語」（a prayer word），有時也叫「神聖的禱語」（a sacred word），以表達你渴想與主有親密的關係。這字代表了你想進入內室，與主相交的意願。這段時間不是為了進行思考或說話，而是為了與主在一起。當雜念把你從這個意願擄去，只管回到這個字，藉此放下雜念，歸回上帝那裏。以下幾點是歸心祈禱的指引，作者多默．基廷（Thomas Keating）是默觀外展網絡（Contemplative Outreach）這個支持歸心祈禱的組織的創辦人：

一、選擇一個神聖的禱語，作為代表你同意上帝臨在並在你裏面作工的記號。

二、以舒適的姿勢坐好，閉上眼睛，稍稍安頓下來，默默地把禱語帶出來，這記號表達了你同意上帝臨在，並在你裏面作工。

三、當遇上雜念打擾，每次只管輕輕地回到禱語。

四、祈禱結束時，繼續閉上眼睛，停留在靜默中多幾分鐘。

指引一

請求聖靈給你一個「禱語」，藉此表達你渴望以信心和愛心與上帝在一起。聖靈可能引領你選用你最慣常用以稱呼上帝的名字，例如：神、耶穌、天父、阿爸父、母親、主、聖靈。耶穌所用的稱呼是**阿爸父**。早期教會則以耶穌之名來到主面前。

聖靈也許引領你，選用一個表達你渴望與主相交的字。這字可以是**愛、平安、信心、信靠、恩典、憐憫、喜樂、靜默、安寧、平靜、開放、在、是、阿們**。

選擇了禱語之後，便在整段歸心祈禱的時間使用它。久而久之，這字會成為你的一部分。正如《不知之雲》(*The Cloud of Unknowing*)的作者說，你的禱語會繫於心中。[1]

我們把這個記號稱為神聖，因為它指向上帝。正如一個聖像(icon)是一扇窗，神聖的記號也在透示它所代表的真實。在歸心祈禱中，我們的焦點並不是放在這個神聖的記號本身，而是運用它去幫助我們把注意力轉向上帝。其神聖並不在於它本身具有甚麼法力或特殊的價值，而在於它表達了我們歸回上帝的意向。

在多年實踐歸心祈禱的經驗中，我只用過兩個禱語。最初我採用了「**靈**」(spirit)這個我們慣常用以稱呼上帝的名字。後來我改用「**在**」(presence)，象徵我同意三一上帝臨在，同時我的心也在。我曾想過改用另一個字，但這字已在我的潛意識中根深柢固，以至它總繫於心中。我們要做的，並不是思想這禱語或其意義，而是藉此幫助我們放下一切雜念。一個簡短的字最為合適。一些複雜或帶有多重含義的字只會帶來更多思緒，故可免則免。

有些時候我並不需要這個禱語，便乾脆把它放下，只管輕輕地轉向上帝就已經足夠。

祈禱操練

使用你已選上的禱語，或者花一點時間，請聖靈為你的歸心祈禱時間賜下一個禱語。當你等候聖靈的引導時，且讓這字從內心深處浮出來。在開始二十分鐘的歸心祈禱時，輕輕帶出這禱語。讓這個字表明你同意上帝臨在並作工的意向。當你發覺腦海正在思想一些事情，只管回到這禱語，藉此把雜念放下。這只是很輕柔的舉動，而不是強烈或強迫性的。不要在這二十分鐘內改變你的禱語。最後以感謝結束這二十分鐘的祈禱時間。

閱讀馬太福音六章 5 至 6 節。聆聽上帝向你說甚麼話。這段記載耶穌關於祈禱的教導有哪些地方最觸動你？你在何處、何時可以與你所愛的主有隱密的相交？在靈修札記中寫下你的祈禱經歷。祈求上帝繼續引領你。把祂賜下的神聖臨在帶到生活的其他時間。

靈修札記

第八天

歸心祈禱的方法（延續篇）

不可重複沒有意義的話。

太六7（《現代中文譯本》）

指引二

這指引是關於坐姿以及怎樣開始歸心祈禱的時間。對大部分人來說，筆直的坐姿是最好的。如果你身體柔軟，坐在地上也可以。站立和跪下都是聖經描述的祈禱姿勢，但維持這些姿勢二十至三十分鐘卻未必合適，因此坐在椅子上便可以。大部分人覺得腰板挺直是十分重要的，這較諸身體過於前傾或後傾可令頭部得到更舒服的承托。這姿勢讓人鬆弛下來，但又不至舒服得讓你進入夢鄉。坐著的時候雙腳要踏地。繞足有礙血液循環，故每隔幾分鐘便需要轉換姿勢。至於雙手，則可打開以示開放的態度，或採用你覺得舒服的姿勢。

如果覺得不安或焦慮，在準備祈禱時可先作深呼吸，讓自己平靜下來。讓每次吸氣代表你接納上帝的愛，而呼氣則代表你放下一切有礙你親近上帝的攔阻。你也可選擇以其他方式讓身心靈放鬆：做一些伸展動作，或閱讀一篇詩篇。當你坐好準備祈禱，就閉上眼睛，放下周遭的事物，帶出你的禱語。

指引三

雜念是無可避免的。當你的心神想到雜念，只管輕輕地回到你的禱語，藉此再一次轉向上帝。打個比方，當你正與一位知己密友交談，街上傳來的噪音打斷了你們的談話。你走到窗前看個究竟，發現是一輛垃圾車剛剛經過，發出很大的響聲。你驀然發現你的動作打擾了跟朋友一起的美好時光，於是走到朋友身邊，向他致歉，然後繼續二人相聚的時間。同樣，你是藉著這禱語在表明：「我想回到與上帝在一起。」

我喜歡聽交響樂團演奏，也會付上昂貴的門票欣賞音樂會。但樂團演奏時，我可能會魂遊象外。我突然發現自己跟不上音樂，這時只好再次把注意力轉回到音樂會去。在歸心祈禱過程中，當發現心思被其他事牽引，我會重拾渴望在這段時間親近主的意向。

另一個比方是聽道的經驗。在教會聆聽傳道人講道時，某一個思想會突然闖進來，我於是開始去思索它。不久我便發現聽漏了幾句講道。這時我只好暫時把思想擱下來，讓自己繼續聽道。在歸心祈禱過程中，當心神想到雜念，我只管回到祈禱中，重拾我同意上帝臨在並在我裏面作工的意向。

雜念（thoughts）其實是個統稱，它包括了當我們進入歸心祈禱的安靜時在腦海中浮現的所有觀感、感覺、圖像、記憶、反省和意見。雜念總會出現。如果這些雜念令我們煩躁，便把我們從祈禱中帶走。如果我們試圖抗拒，它們反而更加得逞，把我們從專注於上帝的中心拉走。可是，如果回到禱語，藉此把它們放下，我們便可以繼續向上帝開放。

在歸心祈禱中，惟一由我們主動作出的活動，就是回到禱語當中，其餘一概都是上帝在我們裏面所做的工。在恩典神學的基礎上，歸心祈禱純粹是恩賜。在歸心祈禱中，我們領受基督的臨在和轉化我們的工作。我們不用不停地重複唸誦禱語。這禱語並非一個短誦（mantra），要求我們把專注放在它身上。有時我們深深地渴慕主，這禱語便變得模糊甚或消失。這時我們無須再回到禱語。但當我們想到另一個雜念，便只管回到禱語中。

要切記，我們並非把注意力轉到禱語上面，也不是以它為中心。我們只是運用這個字轉向上帝。與主的關係才是最重要的。在歸心祈禱中，我們是轉向內住在我們裏面的基督。

指引四

這項指引是關於歸心祈禱時間結束時的過渡。當你要從這祈禱轉到其他祈禱模式或活動，且讓自己繼續閉上眼睛多一會兒。這時候你可獻上感恩的禱告，也可以緩緩地唸誦主禱文。當離開這段靜默時間，你要把所領受的內在寧靜帶到日常生活當中。

建議歸心祈禱的時間最少有二十分鐘，這時間足可讓我們進入其中，但又可以配合我們繁忙的生活日程。

祈禱操練

根據上述指引選擇一個姿勢。你不單以思想和心靈祈禱，同時也帶著你的身體祈禱。身體也成為你祈禱的一種表達方式。花二十分鐘的時間作歸心祈禱。

再閱讀耶穌在登山寶訓中關於祈禱的教導，特別是馬太福音六章 5 至 8 節。甚麼字對你有關係？哪個教導特別適用於你？把它寫在靈修札記裏。在祈禱的操練中，讓祈禱發自你的需要。你怎樣可以避免「重複無意義的話」？試想一下，一天當中甚麼時間對你來説是祈禱的最好時間？你有否清早起來預留一段時間作歸心祈禱，透過聖經聆聽主，然後以開聲的祈禱作回應？把放下自己而專注於上帝的這種屬靈態度帶到今天的其餘時間中。

靈修札記

第九天

一位先知的洞見

我的心默默無聲，專等候上帝。

詩六十二1、5

福音派牧師和作家陶恕（Aiden Wilson Tozer，1897～1963年）認為，教會的趨勢正把人帶離深深栽在上帝裏的核心。他在芝加哥南岸宣道會（Southside Alliance Church）事奉三十年之久。他的評論文章和書籍呼籲基督徒要進入聖靈裏更有深度的生命。陶恕看到虔誠的人忙於「種種的計劃、工作方法、教會組織和許多急急忙忙的活動中，這些只能消磨時間和吸引人注意，卻永遠不能滿足人心靈的渴慕」。[1]

陶恕認為，現代生活急速的步伐奪去了人內心親近上帝的能力。當人沉醉在自信當中，便忘記了怎樣「休息」以認識上帝。他慨歎教會失落了與上帝保持一種深切和親密的關係的焦點。當教會只顧高舉正確的教義和聖經教導，便忽視了人對上帝基本的渴慕。他感謝主的，是教會中仍有一小撮人「渴慕得嘗主愛的滋味」。[2] 他繼續說：

> 餵養人靈命的不是單憑文句，乃是要神自己。除非聽眾在個人經驗中發現了神，否則即使聽見真理也得不著甚麼益處。就聖經本身來說，聖經並不是目的，乃是手段，藉以引領人與神有親密和圓滿的認識，使人進入神裏面，在神的面前得著喜樂……在內心中嘗到神恩惠的甘甜。[3]

陶恕相信每個人裏面都有「一個私人聖所，在那裏居住了一個人奧妙的本質」，這是那自有永有的創造主所賜予的禮物。[4]

> 從〔人類〕的角度來說，人的墮落最悲慘的失去是上帝的靈不再住在這個內裏的聖所。……這地方至為隱密，無人能闖進去；除了基督，無人可以進入，只有當人憑著信心邀請祂，祂才會進來……藉著聖靈的動工，「上帝的性情」得以進入信徒的內心深處，在那裏建立祂的居所。[5]

陶恕的著作源自他個人的祈禱操練。他不去理會周遭環境，俯伏於書房地上，在靜寂中以無聲敬拜上帝。他渴慕其他人也找到他在這些禱告時間所經歷到與主的深切契合。他這樣說：「我要鄭重鼓勵這種有力量的追求神的生活……我們的信仰生活死硬呆板，就是因為我們缺少屬靈的渴慕……人必須有強烈的願望，不然的話，基督就不會向祂的子民顯示。祂一直在等候我們。」[6]

陶恕認為，古典靈修巨著《不知之雲》教導我們以簡樸的方式親近上帝，就是放下一切，只使用一個表達我們愛上帝的字詞。不論一個人失去甚麼，「當得到一切的源頭，他/她便在那獨一的主裏面得到所有的滿足、歡愉和喜樂，因此他/她不會再覺得失落」。[7]

祈禱操練

安坐在你慣常禱告的地方，想像你好像拇指般大小，可以進到你靈魂廣闊的內室。在這裏面深入探索一番。留意你將進入一個神聖的地方，這是基督的靈的居所。停留在那裏，讓整個空間充滿著上帝的愛。以一個禱語作為開始，進入二十分鐘的靜默，這字象徵你同意上帝的臨在，並在你裏面作工。使用你所選擇的字，或依照《不知之雲》作者的建議，用「**愛**」或「**主**」去表達你對上帝的愛。無須理會雜念，只管回到你的禱語。在結束這段歸心祈禱時，獻上謝恩的禱告。

閱讀詩篇六十二篇，容讓一個字或一句短句向你說話。把這個字、今天的日期和經文寫在靈修札記裏。也記下你回應主向你說話所作的回應禱文。繼續逗留在這安靜多幾分鐘，預備把主賜給你的內心寧靜帶到日常生活當中。

靈修札記

第十天

把房子打掃乾淨

我也要賜給你們一個新心，將新靈放在你們裏面。

結三十六 26

在我們內心的地下室，我們可能會發現許多廢物：舊的傷痕、曾經失去的東西和羞愧的事都可能在那裏被掩蓋著。雖然大部分的時間眼看不見，但它們仍然困擾著我們。也許我們需要來一次大掃除——不單是客廳，而且還包括地下室；不單清理一兩件東西，更是把堆積物一一棄掉。

未悔改的罪會妨礙我們迎接基督到我們生命的中心。有害無益的態度和行為會遮蔽上帝給我們的恩典。悔改一詞（希臘文為 *metanoia*，英文為 repentance）的意思是指心思的改變，或一種新的心理狀態。我們以基督的心取代以自我為中心的態度。我們放下自己，領受神聖的寬恕。我們祈求聖靈賜下能力，釋放我們脱離有害無益的行為和羈絆。

把一些對我們如珠如寶的羈絆抓著不放，只會剝奪我們愛主和事奉主的自由。這些羈絆會成為偶像，誘使我們不再倚靠我們的源頭和護佑者的恩典去生活。恐懼、未處理的憤怒、自私的慾望和虛妄的野心，都有礙我們實現上帝對我們的心意。

在一次退修中，我開始認識到我裏面原來蘊藏著那麼多的憤怒。無數個令我覺得厭煩的情景，給我裏面燒得炙熱的怒氣火上加油。我知道我必須把這堆憤怒放下，但耶穌提到只是打掃乾淨的房子會帶回更多鬼魔的話讓我停頓下來。我在想有甚麼可以填補這些憤怒留下的空間。我邀請聖靈進來，以愛、喜樂和平安填補這空間。我的禱告是：「聖靈，請增添我裏面的愛、喜樂和平安。」我把這禱告從這次退修帶回家，不時反覆祈求。

我們每個人都傾向有一種常留駐在我們裏面的主要情緒（a primary emotion）。這可能是恐懼、憤怒、羞愧或焦慮。透過操練默觀祈禱，這情緒可以失去其威力。

我的主要情緒是憤怒。我並非怒火中燒，但我是個理想主義者，很容易便可看出事物的缺點，所以很容易覺得煩躁。但當我容讓聖靈轉化我，便能夠以一種內裏的平靜面對生活的挫折。我能夠接納世上各樣的不完美，而無須為此感到憤慨。

對於主要情緒是恐懼、焦慮或羞愧的人來說，他們也可以經歷同樣的轉化。在歸心祈禱中，我們進入內心恬靜之所。如果我們的生活是源自這份內在的平安，將可以大大影響我們對人和事作出回應的方式。當我們降服於基督的轉化工作，一種新的態度便漸漸從我們裏面滋長出來。

當我們老抓著苦澀、憤怒、怨恨或其他強烈的負面情緒不放，這便窒礙上帝具轉化能力的愛在我們裏面運行。當我們寬恕那些傷害我們的人，便是放下怨恨。我們不是姑息錯事，而是選擇了一種憐憫的態度。

先知以西結向我們傳講上帝的話：「我要潔淨你們，使你們脫離一切的污穢，棄掉一切的偶像。我也要賜給你們一個新心，將新靈放在你們裏面。」（結三十六 25 ～ 26）

祈禱操練

你內心的狀況如何？當進入內心時，你發現甚麼？把你的發現交給主。花二十分鐘的時間作歸心祈禱。

閱讀以西結書三十六章 25 至 28 節。讓經文其中一個字向你說話。有哪些主要情緒住在你裏面？你需要做甚麼去打掃你的心靈？把這些寫在靈修札記裏。獻上禱告，表達你同意上帝對你懷有的心意，並將這態度帶到生活中。

靈修札記

第十一天

老我/新我

要將你們的心志改換一新。

弗四23

如果我滿是覺得自己最重要，便沒有空間容得下基督。但假如倒空自我（ego），我便能夠開放，讓聖靈的新酒充滿我。基廷指出，我們從幼年起便已發展出一些「情緒的程式」（"emotional programs"），目的是獲取我們所渴望的愛戴、權力和安全。匱乏導致了假我系統（the false-self system）的形成。當我們對愛戴、權力和安全的渴望受到威脅時，假我系統對這些渴望便愈發加強。我們所採用的這一程式看似是通往幸福快樂的途徑，但事實卻非如此。我們要藉著悔改和接受寬恕，摒棄這種假我的經營。當我們捨棄老我（the old self）以及自我中心的行徑，真我（the true self）才可浮現出來。

當自我被置放在中心，我們對尊敬/愛戴、權力/控制和安全/生存的渴望便會壓倒一切。但當基督成為了中心，我們便可以自由地成為上帝所願意我們成為的模樣。我以前總不明白為何耶穌說你們要捨己（太十 38；可八 34；路九 23）。我不明白，我怎能夠在失去自己之餘卻有足夠的自尊和信心去面對人生的種種挑戰。關鍵在於辨別假我與真我。換言之，要否定的是假我，真我卻需要肯定。保羅說：「若有人在基督裏，他就是新造的人，舊事已過，都變成新的了。」（林後五 17）在以弗所書中我們也讀到「要脫去你們從前行為上的舊人，這舊人是因私慾的迷惑漸漸變壞的；又要將你們的心志改換一新，並且穿上新人；這新人是照著上帝的形像造的，有真理的仁義和聖潔。」（弗四 22～24）保羅又寫信給歌羅西的教會，勸勉他們「這新人在知識上漸漸更新，正如造他主的形像。」（西三 10）這新的我就是我們真正的自己。我們的問題是認錯了身分，以致活在誤以為老我就是真我的幻覺中。當我們放下這個以自我為中心的老我，我們便能夠成為真我，是按著上帝的形象被造，也是基督的居所和聖靈的殿。

保羅在哥林多前書二章 14 至 15 節辨別出屬血氣的人與屬靈的人之間的分別。那些活出屬肉體生命的人是**屬血氣**（*psychikos*）的。他們的思想和行事都是按著外在的標準：種種規則、條例以及掌權者所定的例規。他們容讓社會的期望主宰其生命。

相反，屬靈的人是**屬乎聖靈**（*pneumatikos*）的。基督的靈引導著他們。他們參透「萬事」，特別是「主裏深邃的事」（“the deep things of God”，英文《新國際譯本》）。

他們接受了「基督的心」(“the mind of Christ”)。

有人說我們前半生的經營是試圖建立自己。我們需要獲取別人的認同和尊重。我們在孩童和青少年時期力求發展自我。父母、老師、教會和文化引導我們成為負責任並貢獻社會的一員。但我們在下半生則希望成為真實的自己，不再是被別人的想法所塑造。在人生的下半場——中年和晚年——當我們在上帝裏找到自己的身分，自我便會式微，而大我(the greater self)則成為了中心。生命成為由內在生命湧至外在世界的流露。默觀祈禱正是幫助我們由這個內程走向外程的媒介。

祈禱操練

深深吸入幾口氣。慢慢地吸氣，祈求聖靈充滿你。儘量慢慢地把所有的氣呼出，把任何阻礙你愛主的阻力、羈絆和焦慮放下。進入二十分鐘的靜默，以一個字來象徵你的意向，以示同意主的臨在和行動。當遇上雜念使你不再向主開放，只要把它放下。當某一個雜念佔據你的注意力，只管回到你的禱語。二十分鐘結束後，慢慢唸誦主禱文。

閱讀以弗所書四章20節至五章2節。停留在吸引你注意力的字那裏，聆聽上帝透過這字有甚麼話要跟你說。你的老我有哪些部分需要捨棄？想想你需要穿上的新人。把你的反省寫在靈修札記裏。把這個祈禱帶到日常生活中，請求聖靈引導你。

靈修札記

第十二天

滿溢的杯

求他……使你們被充滿，得著上帝的一切豐盛。

弗三 16、19（《新譯本》）

我喜歡想像每個人都是一隻酒杯，一隻由上帝設計的美麗酒杯。正如酒杯盛滿了酒，我們也可以盛滿三一上帝的愛，直至滿溢。要被聖靈充滿，我們首先必須被倒空——一種頗叫人害怕的景況。我們會試圖逃避這虛空，讓活動填滿我們的時間，讓腦袋充塞著資訊，以各樣令人喜悅的事物、美食、性和刺激的玩意餵飽我們的胃口。我們總在追求擁有、消費和操控——這一切無非是為了填補虛空，而我們更容讓這些沉溺和羈絆一發不可收拾。然而，只有一樣東西可以滿足心靈的渴求，就是耶穌說不可少的一件事：上帝。

囤積東西，並不能夠給我們帶來真正的喜樂。我們身處的文化鼓勵人累積更多，但屬靈的數學卻更多是有減無加。當我們的靈程走得愈遠，便愈是放下所擁有的東西和自私的關注。我們放下自己給上帝，直到在行完世上的路程時完全降服，進入祂永恆的愛中。

我們擁有和依附的東西，可以充塞著我們的中心，即本來是上帝居住的地方。陶恕說我們的心靈深處是「一個聖所，除了上帝，沒有其他東西配得臨在其中」。他繼續說：

> 人類允許外面的「物」進入內心，而把神從內心的寶座上趕出去，就在這時候，我們的災禍就開始了。外面的「物」既然把人類內心的位置接收了去，所以今天在人的內心，根本沒有平安，因為神已不再留在他心中掌權，而是那些頑強兇暴的僭位之物，在昏暗的心中各自爭搶，奪取那心中寶座的首位。[1]

我常常以為飢餓是負面的。飢餓令我感到不暢快。可是飢餓卻可能帶來滋養；屬靈的飢餓可以把我們引到上帝面前。魯益師（C. S. Lewis）曾這樣說：「我們所擁有的至寶是缺乏。」當我們空無一物時，便會向上帝的恩典和慈愛開放。在《沉溺與恩典》（*Addiction and Grace*）一書中，傑洛梅（Gerald May）把我們對上帝的渴慕稱為「我們最珍貴的財寶」。[2] 我們的創造主把這深切的渴慕賜予我們。在祈禱中，我們是從這渴慕出發，以敞開的心接納與上帝相親的恩賜。耶穌說：「心靈貧乏的人有福了，因為天國是他們的。」(太五 3,《新譯本》) 我們是在貧乏中領受。當我們一無所有時,便可以滿載「上帝的豐盛」(弗三 19)。

有些人害怕在進入靜默祈禱時,魔鬼會趁機闖進來。事實上,當基督充滿著我們裏面的空間,我們是受到保護的。馬丁·路德的詩歌〈堅固保障〉("A Mighty Fortress Is Our God") 這樣說:「縱全世界充滿鬼魔,恐嚇要將我毀滅,我們不怕。」幽暗之君「永刑已定,主言一出即倒傾。」靠著基督的大能,足可擊退那惡者。

在歸心祈禱中,一個簡單的字說明了我們願意進到我們裏面基督內住的中心。我們容讓聖靈從裏面轉化我們。

一個電燈泡的裏面是真空的。裏面既空無一物,燈泡中心的鎢絲便不受纏繞。這樣,當電流進入燈泡,鎢絲便可以光亮地燃點起來。我們的中心就是我們的心靈。當我們的心靈脫離了自我中心的纏累,它便可以被上帝的臨在光亮地燃點起來。當我們放下假我的種種慾念,我們便得著釋放,使基督在我們裏面作轉化之工。當我們領受聖靈的電流,便可以燃點起信、望、愛與喜樂。

歸心祈禱所用的禱語,表達了我們一顆願意領受的心,它反覆地表達我們願意降服於上帝的臨在和行動面前:我們的心敞開,願意領受上帝的愛。在歸心祈禱的過程中,我們並非不斷地重複這神聖的禱語,而是在需要時才用它。有時需要用得很多,但有時即使忘卻了,也經歷到一刻的內心寧謐。我們此時最能夠開放給基督慈愛的臨在。這樣,我們這個酒杯便可以成為祝福的器皿。上帝的愛和恩典不但充滿我們，而且還滿溢出來。基督的愛和喜樂會傾流到我們周遭飢渴的心靈。詩篇二十三篇說：「我的福杯滿溢。」

祈禱操練

站起來，舉起雙手，手臂微彎作酒杯狀。讓基督的靈充滿你，進入你身體每一個細胞。每當深深吸入一口氣，求上帝充滿你。呼氣時，放下那些佔據你心靈空間的自我慾望。然後安坐下來，輕輕帶出你的禱語，這記號表達了你同意上帝臨在並在你裏面作工的意願。當雜念進入你的思想，藉著禱語把它們放下，以便再次回到主面前。二十分鐘後，結束你的歸心祈禱，然後慢慢獻上主禱文。

閱讀以弗所書三章 14 至 19 節。從這段經文選取一個字，讓主藉著這個字向你說話。把這字寫在靈修札記裏，然後默想它對你的意義。你要倒空甚麼，好讓你對上帝完全開放？甚麼佔據了你裏面的空間，以致你未能夠被上帝的豐盛所充滿？祈求上帝除去一切的障礙。停留在安靜中多幾分鐘，然後才轉到其他的活動。把所領受的洞見銘記心中，讓它流到你種種的關係和事務當中。

靈修札記

第十三天

安靜

我的心平穩安靜，好像斷過奶的孩子在他母親的懷中。

詩一三一 2

我們是在安靜中，在離開喧鬧和繁囂的活動中，把心神轉向上帝。三一上帝是在靜默中與我們相遇。

根據拉比傳說，以色列人在西奈山推舉了摩西去聆聽上帝的吩咐。他們覺得自己不能接近上帝，因為與這樣大而可畏和聖潔的主相遇，只會帶來死亡。結果，百姓只聽到他們字母中的頭一個字。這個字要連著一個元音（vowel）才能發音。因此，他們所領受的，是靜默不語的禮物（the gift of silence）。

詩篇鼓勵人作靜默、默觀式的祈禱。詩篇六十二篇這樣說：「我的心默默無聲，專等候上帝。」詩人雖然受到攻擊和損害，但卻在上帝裏找到盼望，在默默無聲的等候中得到確據。詩篇四十六篇這樣說：「你們要休息，要知道我是上帝！」我們在休息中放下一切的打擾。詩篇一百三十一篇又說：「我的心平穩安靜，好像斷過奶的孩子在他母親的懷中。」正如嬰孩躺在母親慈愛的臂彎，我們也可以憩息在上帝的懷中。當上帝把我們親密地擁抱在祂慈愛的懷中，我們再不需要説甚麼。一個斷奶的孩子不冀求甚麼，只要被抱在母親慈愛的臂彎，享受著親密契合的禮物便已滿足。

我們需要在靜默中，才可以學像這孩子。我最初是學習以反覆唸誦耶穌禱文和聖經章節的方法去擺脱外面的噪音和裏面的雜聲，後來我發現了歸心祈禱。我最初是透過潘寧頓（Basil Pennington）和基廷的書學到歸心祈禱。我又聆聽基廷關於歸心祈禱的錄音帶。歸心祈禱運用一個字，作為我同意上帝臨在並在我裏面作工的記號，這幫助我放下種種雜念，單單憑著信心和愛心與上帝在一起。這操練成為了我每天祈禱的一部分。

我在一九九六年九月參加了一個歸心祈禱工作坊。這個由默觀外展網絡的成員泰蕾茲．索爾尼爾（Therese Saulnier）帶領的聚會感動我在每天的早禱之外增添多一段祈禱時間。這一決定在我參加由潘寧頓帶領的工作坊後更是堅定。從那時起，除了在早禱時間有最少二十分鐘的歸心祈禱，我在日間稍後時間另外再有二十分鐘的歸心祈禱。這種每天兩次二十分鐘的安靜時間喚醒了我對上帝內住在我裏面的意識，也讓我更意識到祂臨在生活的所有場景。

肯培斯（Thomas à Kempis）在他的經典著作《遵主

聖範》(譯按：又譯《效法基督》及《師主篇》，*Of the Imitation of Christ*)一書中，鼓勵基督徒要找一個獨處的時間，安靜下來祈禱：

> 你要找到合宜的修心時間(傳三1)，常常默想上帝的恩慈。那時要拋開疑惑，讀那能領你痛悔的書，勝於白白消磨光陰。
>
> 你若肯放棄空談、遊手好閒，又不輕聽奇聞閒話，你就必有足夠的時間專心致力於默想美事。
>
> 偉大的聖徒都是盡力避免於人羣中往來的(來十一38)，寧可在隱密處與上帝獨處……
>
> 誰想追求內心屬靈的事，必須像耶穌一樣躲開羣眾(太五1)……
>
> 你若願意感到內心的痛悔，就要進入內室，將世界的喧擾放在外邊。
>
> ……虔敬的人在寂寞清靜裏得進步，又學習聖經的奧妙。他在那裏流淚像河，夜夜洗淨自己(詩六6)……就與造物主愈親近。[1]

默觀祈禱就是默默地憩息在上帝慈愛的膀臂中，無須用言語去表達這種愛。母親或會輕輕哼著歌，或向孩子柔聲耳語，但她也可以花上數小時默默地抱著孩子，而孩子在母親懷中盡是滿足。他有時會因肚子餓或不舒服而叫喊，但在大部分時間，則是在靜默中信任和親密的交流。

在基督教靈修學中，**默觀**（contemplation）一詞是指在靜默中意識上帝。這種意識較語言或思想來得深層，也非語言或思想所能形容，是默然地憩息在主裏面。默觀意味著對主的專注，並被主愛的擁抱所包圍。至於**默想**（meditation）一詞，在基督教傳統中則包含了思考某事並反覆思想其意義。默觀表達了一種超乎言語的深層覺察，是一種親密的臨在。當我們「沉醉在驚訝、愛意和讚美當中」，便預先嘗到天堂的滋味。

祈禱操練

想像你被慈愛造物主的手所擁抱。容讓自己去感受在祂裏面的平靜和安穩。選取一個字，用以表達你渴慕接納上帝的愛。進入二十分鐘的靜默中。當遇上雜念，只管把它們一一放下，回到這個象徵著你同意與主同在的字裏。二十分鐘完結時，獻上謝恩的默禱。

閱讀詩篇一百三十一篇。默想上帝向你說的話。想像斷奶的孩子在慈母懷中是怎樣的。為上帝的愛像一個如此般完美的父母獻上感恩。把你所經歷的寫在靈修札記上。開聲獻上禱告。最後用幾分鐘的時間，讓自己在靜默中感謝上帝的恩典常伴在你的其他活動中。

靈修札記

第十四天

默觀的恩賜

不可少的只有一件。

路十 42

默觀把我們帶到一個超越思想和語言的境界，進入三一上帝的奧祕當中。在默觀祈禱中，我們領受那位在耶穌基督裏顯現的獨一真神慈愛臨在的恩賜。在默觀生活中，我們一面過著平凡生活，一面意識到上帝臨在於每一個人和每一件事當中。

我們的生命始於默觀的狀態。從胚胎開始直至意識到自己是一個獨立存在的嬰孩，我們是活在愉快和滿足當中。當生命完結時，我們則是再次把自己交付給永恆的上帝。正如耶穌臨終前說：「父啊，我將我的靈魂交在你手裏。」靠著基督的恩典，我們也在死亡臨到的一刻把自己降服在我們慈愛的主面前，進入默觀的終極境界。在此之前，就在出生至死亡的過渡中，默觀祈禱提供了一種方式，讓我們在此時此刻領受至聖上帝慈愛的臨在。

當我們敞開心扉，完全地投入當下，任何人都可以經歷到上帝所賜予的一些默觀經驗。而默觀者所尋求的，則是更持續地活在這種臨在當中。歸心祈禱是一種向著默觀恩賜敞開的方式。我們藉著一個禱語，把心靈開放給上帝的愛。我們把種種雜念放下，容讓自己在上帝裏面，也容讓祂在我們裏面。我們默默地等候接受這奇異的恩賜。靠著上帝的恩典，我們領受與祂聯合所帶來的平安、愛以及喜樂的轉化。

可是，當我們一靜下來歇息，種種雜念便蜂擁而至：各式各樣的感覺、意念、回憶、反思和評論一一浮現腦海中。我們不可能阻止它們，但卻可以對它們置之不理，只管回到我們所選用的禱語，以信心和愛心轉向上帝。

我們太多時候「為許多的事思慮煩擾」。這正是馬大的境況。她殷勤地招待耶穌，但同時也責怪妹妹馬利亞留下她一個人侍候主，自己則只坐在主的腳前。耶穌愛馬大，重複兩次呼喚她的名字：「馬大！馬大！」耶穌溫柔地告訴她，馬利亞已經選上了那最重要的事。馬大滿以為殷勤地款待耶穌便是服事主。我們也擔當著各樣的事務，以這些服事基督。可是，有一件事是最要緊的。

我們是否願意好像馬利亞那樣，坐在耶穌的腳前？我們是否願意祈禱，把我們的專注放在基督身上？我們是否願意花時間，單單憑著信心和愛心與上帝一起？

我以前總覺得活動是服事主的方法。在活動至上的心態中，我忽略了默觀的向度。我重視做事勝於存在，服從勝於愛的關係。我也像馬大那樣，以為自己沒有時間進行默觀。當我撥出固定時間，藉著歸心祈禱時靜默禱告的操練，我開始領受到上帝的臨在。在歸心祈禱的時間裏，我坐在耶穌腳前，打開我的心迎接上帝的愛。

默觀不是由我們主動去做的，主動的一方永遠是上帝。我們只是在歸心祈禱中回應主，對祂說：「我也愛你。」我們運用一個字或記號去表達這份愛，並同意上帝愛的臨在和醫治之工。

祈禱操練

想像馬利亞坐在耶穌腳前的經歷。嘗試進入她的心情，她是怎樣以愛慕之情留心地聆聽主。選取一個字，以表達你願意全神貫注地留意這位活著的基督。在這二十分鐘的靜默中，讓這個字象徵你同意基督的靈臨在並在你裏面作工。把你掛念的思慮一一放下。當發現自己開始分心，只管輕輕地回到你的禱語，讓它幫助你返回上帝的臨在當中。

閱讀路加福音十章 38 至 42 節。想像你處身馬大、馬利亞和拉撒路的家中。觀察這兩姊妹和耶穌。隨著你的感覺參與在這故事的情境中。試聽聽主對馬大和馬利亞所說的話，感覺一下她們當時各自的感受。也留意耶穌對她們各人的感覺。然後想像耶穌望著你。聆聽一下祂要對你說甚麼。把發生在你身上的事記下來。你對自己以及你跟基督的關係有甚麼發現？祈求上帝的恩典和引導，求祂幫助你建立祈禱的習慣，讓你坐在耶穌的腳前。最後再逗留多一會，讓所領受的成為你的一部分。

靈修札記

第十五天

早期教會的祈禱

大衛的子孫耶穌啊，可憐我吧！

路十八38

在早期教會歷史中，曾有一些基督徒深感社會誤入歧途，因而逃往沙漠。為免被洪流沖走，他們決定過獨居的生活，好把自己完全奉獻給基督。埃及的安東尼（Anthony of Egypt）給他們不少啟迪。他曾獨居沙漠多年，期間與鬼魔搏鬥，最終心思煉淨，成為完全的人。雖然身居沙漠可減少社會的污染，但與鬼魔的爭戰卻是同樣真實。這些沙漠隱士使用一句聖經經文或耶穌禱文裝備自己去打這場屬靈戰爭。不斷重複唸誦這禱文，有助他們驅除把人引往貪食、情慾、驕傲和其他罪惡的種種雜念。

約翰．迦賢努（John Cassian，360 ～ 約 435 年）曾造訪這些沙漠隱士，並把所學到的記錄在《會議》（*The Conferences*）一書中。其中一位最年長和最受尊敬的沙漠教父依撒格（Abba Isaac）把他的朋友和前輩們怎樣進入與上帝契合的祕訣告知迦賢努。為了從雜念中釋放出來，依撒格會唸誦詩篇七十篇第一節：「上帝啊，求你快快搭救我！耶和華啊，求你速速幫助我！」[1] 當他重複唸誦這些字句，便能夠放下種種雜念，靠著主的拯救大能和慈愛而轉向祂。

其中一位沙漠教父——隱居者伊華紐斯（Evagrios the Solitary，345 或 346 年生於本都〔Pontus〕，因此也被稱為本都的伊華紐斯〔Evagrios Pontikos〕），他晚年在埃及沙漠居住了十六年，直至三九九年離世。居住沙漠期間，他捨下了世界的牽掛，過著獨處的生活。他教導人內心要常常警醒，以敬畏的心去祈禱。這種敏銳的警醒可守護他免被雜念帶走，離開與上帝的契合。[2] 伊華紐斯警惕人要提防魔鬼的詭計，他總是藉著雜念叫我們離開上帝。即使是叫人愉快的思想，也可以蒙騙我們。我們可能會專注在一種感覺或思想，而沒有以單純的信心和愛心與主在一起。一切的雜念都會把我們帶走，離開對上帝的單純默觀。當我們渴慕主的心加深，便會願意放下這些雜念。[3]

自五世紀開始，靈修導師教導人使用耶穌禱文（Jesus Prayer）：「主耶穌基督，上帝的兒子，求你憐憫我這個罪人。」耶穌禱文是來自兩段經文。第一處是稅吏在聖殿的禱告：「上帝啊，開恩可憐我這個罪人！」（路十八 13）另一處是那位坐在接近耶利哥的路旁的瞎子向耶穌的呼喊：「大衛的子孫耶穌啊，可憐我吧！」（路十八 38）這禱文可簡化為：「主耶穌基督，可憐我吧。」而最簡短的方式，是單單呼求耶穌的名字。特別是在東方教會的教導中，信徒會不停地重複唸誦這禱文，成為不住的禱告的一種方式。信徒也在導師指點之下，學習把禱文跟呼吸連繫起來——「呼入」基督的臨在，並「呼出」一切有礙人敬愛上帝的攔阻。

另一位沙漠教父赫西糾（Hesychios）在六或七世紀寫了《警醒與聖潔》（*On Watchfulness and Holiness*）一書。他指出我們在祈禱時要保守自己的心免除各種雜念，內心專注在主身上。赫西糾教導人靠著重複求告耶穌的名字，藉以保守我們的心和內裏的平安。藉著這樣不停的求告，便可達致「警醒」：亦即當靈魂免除了各樣的雜念而靜止下來，基督便可住在我們裏面。赫西糾稱這種祈禱方法為屬靈的爭戰。他教導人跟著下述的次序去祈禱：首先，把專注力放在上帝身上，這是進入祈禱的第一步；第二，感受一個雜念；第三，求告耶穌之名，藉以驅除雜念。靠著不停地重複唸誦耶穌禱文，我們可以把這種放下的操練（the practice of letting go）帶到日常生活當中。[4]

當我學習這種祈禱方式，才開始明白我的訓練和習慣多麼側重於理性生活。我選擇不相信情緒，然而對邏輯卻篤信不疑。但這種重複的祈禱方式，卻讓我接觸到比知識更深的層次。它讓我與心和直覺連接起來。耶穌禱文和其他簡短的禱辭幫助我停留在靜默中，向上帝開放。

祈禱操練

以耶穌禱文開始你的祈禱。吸氣時，輕輕地重複唸誦

「主耶穌基督」，藉以領受基督臨在的恩賜。呼氣時，唸完這禱文的下半部「求你憐憫我」，讓上帝的寬恕和恩典把一切攔阻你親近祂的東西挪開。用二十分鐘的時間作靜默的祈禱。運用你開始熟悉的禱語或耶穌之名。當發現你在想東想西，輕輕地回到這個字。

然後翻開路加福音十八章 35 至 43 節。閱讀路旁那位瞎子乞丐的故事以及他向耶穌的祈禱。想像故事的情景，周圍的景物和那地方的氣味。看看在場的人，這地方的路和當時的天氣。留意耶穌，祂是怎樣聆聽這人的請求，然後停下來接待他。想像你當時也在場，耶穌也轉向你，向你發出祂給瞎子的相同問題：「你要我為你做甚麼？」告訴耶穌你所需要的醫治。把你的經歷寫下來。獻上你的祈求。停留在這靜默多一會，預備把這份對基督醫治的靈的意識帶到日常生活中。

靈修札記

第十六天

基督教歷史中的歸心祈禱

內心清潔的人有福了，因為他們必看見上帝。

太五 8（《新譯本》）

在基督教早期歷史中，君士坦丁堡主教屈梭多模（John Chrysostom，347 ～ 407 年）教導，祈禱不是用說話組織成的，而是對上帝有著一種比說話來得更深的渴慕。而身為神學家和教宗的大貴格利（Gregory the Great，540 ～ 604 年），則把默觀祈禱形容為安息在上帝的知識和愛當中。

西奈的貴格利（Gregory of Sinai）是十四世紀中葉的一位修道士，他教導默觀祈禱為住在上帝裏面，從心祈禱，並防止雜念。這種單純的祈禱是在靜默中進行的。貴格利提倡借助耶穌禱文，我們可以耐心地停留在祈禱中，免受雜念分心。他說，你不能夠把雜念驅除，但上帝卻能夠。當你呼求主耶穌之名，這些雜念便會逃逸。[1] 同樣在十四世紀，另有一位英國修道士寫了一本教人祈禱的書，名為

《不知之雲》(*The Cloud of Unknowing*)。他教導門徒:「你要以謙沖的愛,舉心向主。」[2] 他寫道,我們祈禱,是「因著耶穌的聖愛」。[3] 我們把種種知性的意念和想像放下,為要在「不知之雲」(“cloud of unknowing”)中去愛上帝。[4] 我們將關於事物的過去、現在或將來的思想一一擱置在我們下面的「坐忘之雲」(“cloud of forgetting”)當中。[5]

> 一份赤裸裸的嚮慕上主之情,一份渴願惟一上主之情就已足夠。若你願意,可把你的嚮慕濃縮成一個字。為了容易掌握,只要選上一個字而避用長語;字愈短便愈符合這屬靈操練的精神。你可選用:「上主」或「愛」等短詞……把它銘刻心頭,任其自然地留在那裏,這個字詞將是你在衝擊與安寧中的護衛。用這個字去敲擊在你上面的那朵烏雲,也用它去擒住一切的分心;把擒住的分心雜念,交給你下面的「坐忘之雲」。遇有困思追問你在做何事時,只用這個字詞去回答……如此這樣的去做,那些雜念不久必將消失。[6]

在基督教歷史中,這種簡樸的祈禱方式被冠以不同的名稱。阿維拉的大德蘭(Teresa of Ávila)稱之為「虛靜的祈禱」(“prayer of quiet”)。也有稱之為「單純專注的祈禱」(“prayer of simple regard”)或「信心的祈禱」(“prayer of faith”)。

在中世紀，人人皆被視為可以進行默觀祈禱。但到了十五世紀末，特別是在十六世紀初，不少人認為只有一小撮人享有默觀祈禱這種恩賜。平民百姓被認為沒有能力進行這種靈修，而大部分教會也停止向信眾教導默觀祈禱。

在二十世紀七十年代，東方的默想方法吸引了美洲不少年青人的興趣。來自美國麻省史賓沙(Spencer)聖若瑟修院(Saint Joseph’s Abbey)的三位修道士觀察到這現象。他們明白，這份興趣是來自人內心深處渴慕在靜寂中意識那終極的奧祕。人們所渴慕的，其實可以在基督教的默觀祈禱這豐富的傳統中找到，可是大部分人對此並不認識。加上他們尚未有一套方法把它傳達出來，可以好像東方默想所具備的教導方法(例如超覺靜坐〔Transcendental Meditation〕)那樣條理分明。

其中一位修道士威廉．萬寧格(William Meninger)開始採用《不知之雲》的方法，作為教導默觀祈禱的依據。他稱之為「雲中的祈禱」(“the Prayer of the Cloud”)，並擬訂了三個簡單的指引供人操練「默想」，以及用以教導該修道院退修所的神父。一年後，另一位神父潘寧頓為各修院的主要督導提供退省。他引述梅頓(Thomas Merton)，謂我們進入自己的中心，經由此便可進入上帝的中心(the Center of God)，從而經歷到上帝。一位退省者說：「那麼就乾脆把這種祈禱方式稱為『歸心祈禱』」。於是這名稱便定了下來。聖若瑟修院當時的院長基廷遂與萬寧格和潘寧頓合作，擬就了歸心祈禱的指引宣言。基廷退下院長一職後，轉居於科羅拉多州斯諾馬斯（Snowmass）的聖本篤修院（Saint Benedict's Monastery），期間他回應了各界的請求，教授歸心祈禱。在學員對這方法熱烈反應的鼓勵下，基廷於是召集了有關人士舉行一次進深的退省聚會。這初次的退省後來又激發起成立一個網絡的願望，以支持歸心祈禱的操練和教導。這個網絡遂於一九八四年成立，現已擴展至全美國、拉丁美洲、英格蘭、歐洲、南非、菲律賓、印度以及其他許多國家。

祈禱操練

以感恩開始你的祈禱，感謝上帝賜給你祈禱的恩賜。進入二十分鐘的靜默。以一個字象徵你同意上帝臨在並在你裏面作工，藉此把心向上帝敞開。當你的心神被雜念佔據，只管輕輕回到這個字，恢復你與上帝同在的意願。以主禱文結束這段歸心祈禱時間。

閱讀馬太福音五章 3 至 10 節。讓經文中一個特別吸引你的字浮現出來。默想這個字，求問上帝在向你說甚麼。讓你的祈禱發自你的默想。在靈修札記中寫下日期、經文、你領受的字以及由此帶出的禱告。結束時讓自己沉澱在默觀的心態，讓這心態伴隨著你，融入你接下來的活動當中。

靈修札記

第十七天

雜念

上帝……的平安必……保守你們的心懷意念。

腓四 7

當我們尋求在靜寂中與主契合，分心總給我們帶來麻煩。這許多的雜念是無可避免、不能缺少而又是正常的。我們可以藉著一個禱語，讓它們來了又去。我們只管回到這個神聖的禱語，而不用抗拒這些雜念，或把它們留住，或作出反應。當經過了恆常操練歸心祈禱而經驗日增，我們便漸漸不會那麼理會這些掠過的思緒，而思緒之間的停頓時間也會變得愈來愈長。我們會嘗到上帝所賜下的平安和寧謐。

《不知之雲》的作者和其他教導虛靜祈禱的導師也承認，當我們想單單與上帝在一起，便很容易遇到分心的情況。我們的思想總是活躍的，經常遊走於回憶過去和預期未來之間。當發現自己被雜念帶走，離開了祈禱，我們可能會感到不悅。這時需要做的，是以一種溫柔的方法把我們帶回到主面前。我們仍然是輕輕地回到禱語，而不要陷入沉思或作出情緒上的反應。

在《竭誠為主》（*My Utmost for His Highest*）一書中，章伯斯（Oswald Chambers）就浮游不定的思緒作出了一點反思：

> 我們進到內室，關上門，這時最難的事就是禱告。我們無法控制心思，就是思想的浮游。私禱最大的爭戰，就是要勝過心不在焉。
>
> ……在隱密處的安靜，就是著意地把情感的門關上，只記念神自己。[1]

加爾文有關祈禱的第一條法則，是要除去那些把我們牽引離開上帝的雜念。我們要預備心思，然後進入與上帝的交談。我們被邀請進入一段奇妙的親密關係，在其中可以「把我們的掛慮卸給主的心懷」。我們需要找出一個辦法處理這個被分心干擾的通病。「我們必須除掉一切屬世的憂慮，因為這些事誘惑我們思念地上的事而不思念天上的事……〔然而〕我們的禱告必須與聖潔的神相稱。」[2]

加爾文說，惟有當我們「被神的威嚴感動」，才能「脫離一切屬世的憂慮和私慾」。[3] 聖靈以奇異的驚訝和深刻的愛感動我們。「我們的軟弱有聖靈幫助，我們本不曉得當怎樣禱告，只是聖靈親自用說不出來的歎息替我們禱告。」（羅八 26）聖靈帶領我們的祈禱，感動我們進入與上帝相愛的關係當中，這是非言語所能形容的。

歸心祈禱提供了一種有用的方法，幫助我們放下種種阻礙祈禱的牽引和依附。藉著一個禱語，我們可以放下種種雜念，以開放的態度接納與上帝契合的恩賜。這方法可幫助我們應用加爾文的第一條祈禱法則：除去外在的掛慮，投入主的臨在中。正如詩篇五十五篇22節說：「你要把你的重擔卸給耶和華。」而彼得前書五章7節說：「你們要將一切的憂慮卸給上帝。」保羅也勉勵腓立比教會的弟兄姊妹要「凡事藉著禱告、祈求，和感謝，將你們所要的告訴上帝」。加爾文這樣評論：「我們非鋼鐵所造，完全不受試探所動搖。但我們的安慰和解救，是把一切困擾我們的事藏在或〔說得正確一點〕卸在上帝的懷中。」[4]

在歸心祈禱中，當我們放下雜念，回到神聖的禱語，便可以經驗到把重擔卸下。當我們對雜念置之不理，它們便會退下來。如果某一個思想有需要再加考慮，它自然會在另一個更合適的時間重現。當我們免除了思緒，便可以進入奇妙的安息中。

我去超級市場，不是為了聽音樂，雖然揚聲器偶爾會傳來悠揚的背景音樂。我的既定目的是購物，當然不會駐足聆聽這音樂。當店舖在十月便開始播放聖誕音樂，我甚至會感到煩躁。但為了買東西，我只管放下煩躁的情緒。歸心祈禱的情況也一樣，為了好好享受上帝慈愛的臨在，我會把雜念放下。

祈禱操練

今天可先做一些伸展動作，然後才坐下來祈禱。站起來，舉高雙手，在深深吸氣時心中唸著「萬物的源頭」。把手下垂至水平狀態，整個人成十架狀，呼氣時唸「永活的道」。將手交叉在胸前，吸氣時心中唸著「聖靈」。把手伸出，呼氣時唸「上帝，我讚美你」。然後端正地坐好，做二十分鐘的歸心祈禱，把雜念放下，與主相親。

閱讀腓立比書四章4至7節。哪個字向你說話？把這個字連同日期和經文寫在靈修札記上。默想你所領受的字對你的意義。祈求上帝的引導。把你的祈禱生活呈獻給主。聖靈怎樣邀請你進行固定的祈禱操練？除了作歸心祈禱，你花多少時間「祈求和感謝」？在結束時，靜默地意識「上帝已經近了」的意思以及這怎樣叫我們「靠主常常喜樂」。

靈修札記

第十八天

非言語所能表達的深邃祈禱

望著天，長長地歎了一口氣。

可七 34（《新譯本》）

當耶穌醫治那個又聾又啞的人，祂首先望著天，長長地歎了一口氣，然後說：「開了吧！」（可七 34）那人的耳朵和舌頭便開了，恢復了聽覺和說話的能力。當耶穌在歎息時，祂其實在做甚麼？祂在舉目望天。因此，祂的歎息並非一種以言語表達的祈禱，而是以比言語來得更深層的方式跟祂天父的溝通。馬可又告訴我們，當法利賽人來試探耶穌，求給他們從天上顯個神蹟，耶穌也歎息。「耶穌靈裏深深地歎息」，然後說不會有神蹟顯給「這個世代」（可八 12）。耶穌的歎息帶著悲痛，是為著法利賽人的態度而內心感到悲痛。這是無言的慨歎。

馬可形容耶穌在醫治那啞子之前的歎息所用的這個字，也是保羅用來描繪受造之物歎息勞苦，以及我們渴慕上帝救贖之愛的同一個字（羅八 22）。他說我們「也是自己心裏歎息，等候得著兒子的名分，乃是我們的身體得贖」（羅八23）。在這深切的祈禱中，聖靈幫助我們。「我們本不曉得當怎樣禱告，只是聖靈親自用說不出來的歎息替我們禱告。」（羅八26）

希臘文 *stenagmos* 一字譯出來就是「歎息」（"sigh"）或「呻吟」（"groan"），這表達了一種無能為力的狀況。我們都需要上帝的幫助。我們不能夠靠自己的努力到上帝那裏。在默觀的安靜中，我們渴慕著上帝慈愛的臨在和行動。

在歸心祈禱的靜默時間中，這渴慕在我裏面滋長。我總不想錯過一日中的這些時刻。這不是因為我要得著高昂的情緒，也不是為了狂喜的經驗，而是因為這操練讓我心靈的空間維持著對主的開放。這段時間可讓我歎息、停下來，在主裏歇息。這段時間也可讓我呻吟，表達我對上帝深深的渴慕。而不論我當時知道與否，基督的靈都在我裏面作工。

霍華德·瑟曼（Howard Thurman）說，我們在祈禱中等候。我們等候著一個「歸心的時刻」（"a centering moment"），好把我們的生活重新調整。[1] 我們降服於上帝的臨在和愛的面前。

在基督教傳統中，我們稱默觀祈禱為**否定的方法**（apophatic），即無言無語，也無圖像或象徵。而**肯定方法**（cataphatic）的祈禱則運用了語言、象徵和想像力去與上帝交談並述說祂。我們都需要肯定方法的祈禱，然而我們知道上帝是超乎我們所能夠想像的任何構思。在否定方法的祈禱中，我們放下一切雜念，單單與上帝在一起。我們容讓聖靈把我們帶到一處「比言語來得更深邃」（“too deep for words”）的地方。

在歸心祈禱中，我們走到語言的知性層面之下。表面的意識是住在表層，當我們往下走，便發現一種更深的意識。在最深的層次中，我們甚至超越了意識，靈魂得以與上帝完全聯合。

祈禱把我們帶到與至聖者在愛中的聯合，但這不是為了私人的享受。祈禱引領我們進入與基督的聯合，也進入團契和羣體中。由上帝的愛流溢出來的結果，是帶著悲憫的行動。我們既領受了上帝的愛，便以充滿感激的竭誠把這愛回饋。我們祈禱，不是為了想從上帝那裏得到甚麼，而是對主所願的予以認同。祈禱表達了關係，它有時需要言語，有時卻深得非言語所能表達。

費倫斯．艾斯桑（Florence Allshorn，1887～1950年）是一位宣教士兼英國薩塞克斯郡聖猶利安平信徒團體（lay community of St. Julian's in Sussex）的成員。她曾說，祈禱的目的是認識上帝，其次才是我們的需要。祈禱不只是求上帝給我們想要的東西，它比言語層面的對話來得更深。在最深邃的層面，祈禱成為了與三一上帝的契合。

勞巴克（Frank C. Laubach）在他討論代求的能力的經典著作《偉大力量的追求》（*Prayer: The Mightiest Force in the World*）一書中這樣說：「契合的最高形式，不是為自己的事祈求上帝，而是容讓上帝經由我們流溢下來，然後向外流出，遍及世界——帶來不止息的祝福。」[2] 勞巴克把懇切祈禱的果效稱為「響亮的沉默」（"a loud silence"）。[3] 誠心和懇切的靜默祈禱給我們待人處事所帶來的影響力既深刻又強大，因為上帝是藉著祈禱作祂的工。

正如兩個墮入愛河的戀人有很多話要表白，我們也需要把我們的考驗和渴想告訴上帝。愛侶會花上幾小時互訴心聲，彼此聆聽。當經過了許多交談而認識了對方，並因著所交流的經歷而產生的互相信任，他們的關係會親密到一個境界，只喜歡在一起而不需説話，單單享受著彼此的同在。在這種親密中，他們可以藉著擁抱去表達彼此間超乎言語的愛。默觀祈禱就是享受與我們至愛的主擁抱。因此，我們的祈禱可以成為與主親密的時間，是超乎我們所説的話，也深過我們所聽到的言語。

對於那些喜歡視覺多於言説的人，「向上帝的凝視」（"sacred gaze"）可能甚有幫助。想像你與朋友在一間漆黑一片的房子裏，雖然看不見對方，但你卻感覺到他在那裏，然後你會轉往他的位置。在歸心祈禱中，你把目光轉向上帝。這種向著上帝的凝視可以取代神聖的禱語，成為代表你同意上帝臨在的記號。

呼吸也可以成為你同意上帝臨在和作工的記號。我們的注意力不是放在呼吸上面，而是呼吸這動作可作為一個記號，代表著我們向上帝開放。在聖經中，**氣息**（breath）和**靈**（Spirit）屬同一個字。吸氣可象徵我們領受聖靈，而呼氣則象徵把雜念放下。如果呼吸成為你的神聖記號，你的專注就不是放在呼吸上面，而是讓它來表達你同意上帝的臨在和作工。

祈禱操練

以舒適而端正的坐姿進入安靜的時間。停留在你渴望與主在一起的意願中，當發現自己想著一些觀感、回憶、反省或評論，轉到你的神聖禱語、凝視或呼吸。在結束二十分鐘祈禱時，求主讓你心靈的耳朵向祂的話開放。

閱讀羅馬書八章 26 至 27 節。讓經文其中一個字浮出來，默想這字對你的意義。求聖靈成為從你裏面發出的禱告的源頭。要細心留意聖靈在你內心的感動，好讓你緊貼聖靈帶你作出比說話還要深層的禱告。聆聽來自聖靈提示的心靈感動。把所經歷的記錄在靈修札記上。為著聖靈在你裏面所作那不能看見且往往感覺不到的轉化之工獻上感謝。

靈修札記

第十九天

靜寂的聲音

完全靜寂的聲音。

王上十九 12（譯自英文《新修訂標準譯本》）

以利亞瑟縮在一個山洞裏，這山是上帝曾向摩西和以色列百姓說話的地方。以利亞帶著極大的失望來到這裏，心中且害怕得發抖。他剛經歷了一生中最重大的時刻。經年累月，他一直在等候著真理，就是上帝傳給他的信息轟轟烈烈地顯現出來。他知道上帝呼召他作先知，於是勇敢地大聲疾呼，對抗當時攙雜了敬拜假神的腐敗宗教。他傳悔改的道理，呼籲君王帶領百姓行當行的路，又警告忽視上帝和祂旨意的嚴重後果（旱災、農作物失收），直至他們心意回轉。

當以利亞與豐收之神巴力的先知對峙，他的輝煌時刻終於臨到。他挑戰這批假先知儘管向他們的神禱告，祈求火降在祭牲的壇上。他們縱使拼命禱告，但甚麼動靜也沒有。然後輪到以利亞向上帝禱告，接著便有火降下來，燒盡燔祭、先前倒在壇上的水，以及祭壇本身。這奇妙的事件戲劇性地給所有人展示了真神的大能。以利亞又求主降下雨水，天空遂出現了一片雲。這起初只是在水平線上如手掌般大的一小片雲，後來覆蓋了整個天空，最後降下大雨。在這風雲黑暗之際，以利亞直奔了十七里路，衝往當時的首都。

你或許以為沒有甚麼可以制服一個見證了這樣大能的人，可是當王后耶洗別一聲下令，竟叫他陷入自我懷疑和失望當中。王后誓言以利亞一天後必死無疑。以利亞遂慌忙逃亡到曠野，直至筋疲力盡，倒在一棵羅騰樹下。有一位天使來侍候他，送上糧水，讓他有力繼續上路，來到上帝與以色列人立約的聖山。

當以利亞躲藏在山邊的一個洞中，上帝把他叫了出來，因為上帝要從他那裏經過。一陣烈風大作，只見崩山碎石掉落山崖，但上帝不在風中。風後有地震，使山搖地陷，但上帝並不在地震中。地震之後有熊熊烈火，但上帝也不在火中。火後有聲音，英文《新修訂標準譯本》把它形容為「完全靜寂的聲音」(“a sound of sheer silence”)，是完全靜寂的聲音。

「微小的聲音」(“the still small voice”)(譯注：《新譯本》作「低微柔和的聲音」)，這是叫人開始留意那永在者的一種全然靜寂。另一個譯法是「溫柔的靜寂」(“a sound of gentle stillness”)，一種比任何聲音都更加有力的奇妙靜寂，一種叫人感受到至聖者臨在的靜寂。

以利亞遂從山洞走出來，站在洞口聆聽上帝的話。主指示他回到原本事奉的地方去。主的話使他恢復元氣。他得著了確據，再一次重振旗鼓。

一個意志消沉，筋疲力竭的人，再沒有甚麼可以激動他，哪怕是大自然最具威力的地動山移。再沒有甚麼可以拯救他脱離他的逃亡、逃避和灰心失意——除了聖靈在裏面靜止和寧謐的感動，讓那永恆的奧祕柔和地觸動他裏面最深的心弦。無言的禱告；內心的渴慕與上帝接通；一個失去自信的人被上帝的愛觸動——當經歷到上帝的靜寂，恐懼便得以消散，接著便聽到生命之言。

正如歌手保羅·西蒙（Paul Simon）和阿特·加芬克爾（Art Garfunkel）的歌詞所訴説，先知警世之言可以「在靜寂中輕輕地訴説出來」（"whispered in the sound of silence"）。靜寂可以鏗鏘有力地表情達意：在貧窮人被壓抑的呼喊中，在大自然的靜寂活動中，在祈禱的神妙行動中。

以利亞的故事告訴我們，我們可以聆聽一種靜寂的聲音。這不是震盪著耳鼓的聲音，而是為我們靈魂帶來回響的一種溝通。

祈禱操練

留意你聽到的聲音。讓它們在你的意識中淡出，然後漸漸進入靜默的時刻。藉著那代表著你同意主臨在的記號把雜念一一放下，在二十分鐘的歸心祈禱中，留意上帝的臨在。

閱讀列王記上十九章 11 至 15 節，讓那微小的聲音向你說話。讓經文當中的一個字在你裏面回響。聆聽聖靈臨到你的感動。求主給你力量和勇氣去跟從這些感動。在靈修札記中寫下你的領受和回應。把所經歷到的內心寧靜帶到日常事務中。

靈修札記

第二十天

重新得力的泉源

我的百姓……離棄我這活水的泉源。

耶二13

先知耶利米邀請我們來到活水的泉源飲水。加爾文想像上帝猶如一道泉源：萬物的源頭，生命的創造主以及供應我們每天所需的主。我們享受的一切祝福，都源自這位三一上帝。

耶穌邀請我們靠著那湧流自我們裏頭的水源，從而得到更新。正如祂與撒馬利亞井旁的婦人交談時說：「人若喝我所賜的水就永遠不渴。」（約四14）當祂在聖殿說話時，他再次邀請人飲聖靈的水。也許正當祭司把水舉在祭壇上，耶穌便宣告：「人若渴了，可以到我這裏來喝。」（約七37）基督的水的確能夠消解我們靈魂的乾渴，這水豐溢地流進乾涸的靈魂。耶穌的聽眾認識這個預言：水會從聖殿流出來，流到曠野，為那荒蕪的土地賦予生機。當我們深深飲於基督的靈，便在愛和服事中變得豐盛。

耶利米大聲疾呼，慨歎百姓不再飲於上帝的泉源，轉而去修建池子。當他們把上帝的真理限制在律法和禮儀的框框，他們不過在抱殘守缺，只叫人想起一些關於上帝的陳腐印象而已。耶利米又說，他們的池子甚至是破裂的，因此想留住的都給漏走了。他們所需要的，是領受恩典的新鮮活流。

祈禱可比喻為走進一個深井。我們並不滿足於淺嘗，而是要浸淫在上帝深厚的愛這道純潔和涼快的清泉。這泉水叫人滿足，奇妙無窮。但它也可以是令人懼怕的。當我們浸淫其中，整個人也融入主裏面。我們再看不見以前令自己愜意的事，再摸不到通常給我們安全感的東西，繼而進入純樸的信和愛的境界。

其實上，上帝的光穿透了這看似黑暗的地方。我們沐浴在基督全然的光中。這光看似黑暗，因為其光芒使我們看不見，正如當我們直視太陽，眼睛會變盲一樣。當我們投入在完全降服的深邃黑暗中，我們便被照亮。

有些時候，這井好像乾涸無水。阿維拉的大德蘭（1515～1582年）是西班牙加爾默羅會的一位修女，她希望她的修會更嚴謹地恪守加爾默羅會的理想。在她的感召下，成立了赤足加爾默羅會（Discalced Carmelites），並創立了十七所女修道院。大德蘭是一位偉大的神祕隱修者，也是第一位女性被教廷策封為「教會的聖師」（"doctor of the church"）。但她的祈禱是經過多年的失敗和困難，基督才臨到她身上。從那時起她才經歷到與基督的親近，看見祂並感覺到祂的臨在。

大德蘭把我們比喻作一個花園，要長出美麗的花草樹木討主的喜悅。祈禱就是為這些花草澆灌，使它們茁壯生長，開花結果。在開始操練祈禱時，我們好像把水一桶一桶地擔到花園來，萬般艱辛。這工夫有時雖然令人疲憊，但我們仍得每天照顧自己的乾渴，從活水泉源得著更新，而成長就是這樣開始的。

當我們漸漸養成了祈禱的操練，就好比安裝了一個輸水泵，把所需要的水運送到來。這時花園變得朝氣蓬勃。我們愈來愈意識到上帝的臨在，並領受到平安和喜樂的慰藉。我們的生命也培養出一些德行，猶如花蕾在花園中長出來一樣。這些東西都是靠著上帝的恩典臨到，而較諸最初每次擔一桶水的情況，我們這時更享受到與主親密的喜悅。我們所費的工夫減少了，卻從上帝領受愈來愈多。

大德蘭說，更進一步的，是由引水道灌溉這花園。這時我們既不用水桶擔水，甚至也不用輸水泵——我們可以毫不費勁——水便自然流溢。因此，在這第三階段的祈禱中，主以喜樂充滿我們的靈魂。花朵禁不住綻放，花園滿溢著歡樂的讚美和有果效的事奉。靠著主的恩典，果實纍纍。祈禱者同時進入了默觀和活躍的事奉。

第四個階段，也是最令人心曠神怡的祈禱，則直接來自上帝，它猶如甘霖沛然下降，或從地下井湧出的泉水。這灌溉花園的水來自靈魂的中心，就是從我們最深處湧流出來的泉源。這從天上來的水滿灌整個園子。它在我們最意料不到的時候臨到，然後又匆匆地過去。這層次的祈禱不會帶來感官的經驗，它超越了我們的感官。大德蘭沒有花很多筆墨形容它。這是一種超乎人所能理解的恩賜。[1]「曾經歷過這祈禱並與主聯合的靈魂會帶來極大的溫柔，它甘心樂意被融化，不是帶著痛苦，而是帶著喜樂的眼淚。」[2] 上帝的心意跟我們的心意合而為一。果實在不知不覺中產生，且喜樂滿盈。

> 由此而得的益處會停留在靈魂好一段日子；現在既清楚明白這祈禱的果子不是出於祈禱本身，它便可以開始跟人分享，但自己卻不至缺乏。……它開始造福鄰舍，而他們也體會到這益處，因為這些花朵的芳香撲鼻。[3]

恩典與愛遂自然流溢出來，帶來豐碩的收成。

祈禱操練

閱讀詩篇一篇。想像來到你喜歡的水邊：一條溪澗、一個湖或海洋。讓自己感受一下平靜的水予人的寧謐。又讓自己感覺一下水流動著的涼快和清新。來就近主這位一切真善美的泉源。來到基督面前，祂能夠滿足靈魂的飢渴。使用歸心祈禱的指引，花二十分鐘與主在靜默中相交。

閱讀耶利米書二章 4 至 7 節以及 13 節。留意一個字，聆聽主透過這個字對你說的話。把這個字和你的反思寫在靈修札記上。求問主你怎樣可以飲自活水的源頭，而不是飲自一潭死水。預備你愛之杯流溢到別人身上。當你安靜坐著，回想美麗的花朵和一片綠草如茵的草地。為雨水和陽光帶來的這美麗獻上感謝。對你來說，成為一棵結果和給人遮蔭的樹是甚麼意思？祈禱擔當了甚麼角色讓這事得以成就？把你聽到的寫下來。為著祈禱這能夠更新你靈魂的恩賜獻上感謝。把祈禱的態度帶到日常生活中，好結出聖靈的果子。

靈修札記

第二十一天

主的內室

你們是上帝的殿。

林前三 16

阿維拉的大德蘭受主教任命，把她對祈禱的心得寫出來。在她的闡釋中，她把靈魂比喻作一個樓房（castle）。[1] 這樓房設有不同的房間，可以通往裏面的內室。那些從來都不祈禱的人，就只停留在入口。那些偶爾祈禱的人，則到了第一層的房間，但他們只看到從內室透出來的一丁點亮光。屬世事情、財物和凡塵雜務佔據了他們。當他們放下這些依附，便可以邁進其他房間。

當我們進入了這所樓房，每走進一個新的房間，我們都會遇到攔阻。魔鬼會分裂我們彼此間的愛，破壞我們的羣體，把我們滯留在第一層。

當我們的祈禱持之以恆，便可到達第二層。在這裏我們受到魔鬼更多的攻擊，以致可能灰心失望。地上的快樂儼如毒蛇般咬我們。我們對尊榮的渴望以及對克己操練的害怕，都成為了攔阻。可是，上帝在基督裏給我們的愛，卻使我們得以維持下去。

靠著上帝的恩典，我們到了這心靈樓房的第三層房間。內住的基督把我們領到一個安穩的新境地。我們信靠上帝的憐憫，知道基督所作成的工是我們得救的保證。

很多人認識了救恩便不再前進，以致從未進到這樓房主人所居住的內室。有些人變得意志消沉，只顧沉鬱在自己的不幸，為世俗事情悲痛難過。他們不能夠完全地放下，裏面仍留存著貪婪。他們缺乏前進所需要的勇氣和謙卑。只有當我們願意完全的捨己，才能進入其餘的房間。

大德蘭建議，如果想繼續向著更高的層次前進，便需要尋求協助。屬靈導師可以幫助我們避開妨礙我們前進的種種欺騙和攔阻。一些曾經歷困難且曾去過內室與那永活的上帝相遇的人的智慧指導，可叫我們獲益良多。

樓房的第四層房間已很接近這樓房主人居住的內室。我們在這裏開始接觸那超越自然的上帝，而只有靠著聖靈的幫助，我們才可以接近祂。我們會領受到上帝所賜予的「安慰」，好像遇到好事臨到時所經歷的那種喜樂。這些都是屬靈的「喜樂」：一種超乎我們自然經驗得到的上帝恩賜。我們是藉著操練虛靜的祈禱而進入這第四層。我們降服在主面前，容讓祂在我們的靈魂裏作工。這祈禱並不在乎我們的努力，而是在於我們的存有。我們完全順服於上帝的旨意，忘卻自己，眼目所見只是上帝的尊貴和榮耀。我們不再是思想關於上帝的事情，而是單單享受祂的臨在。

大德蘭提醒我們，要謹記這樣經歷上帝的奧妙經驗，只不過是個開始，正如嬰孩在喝奶但仍未斷奶。我們不要停留在這處，而應該繼續這虛靜祈禱的操練。撒旦會千方百計引誘我們離開。但明智而忠心的祈禱操練，卻可以把我們帶往下一層。

大德蘭稱樓房的第五層為與上帝單純的聯合。餘下的層次則非筆墨所能形容，也非腦袋所能明白。很少人找到「這貴重的珍珠」。[2] 在這裏我們享受到這「被埋的寶藏」在地若天的經驗。[3] 靈魂因著與主的聯合而變得朝氣蓬勃——這境界惟有在恩典臨到時才可得著。當我們治死自己的心，對上帝和鄰舍的愛便甦醒過來。我們的心意也開始效法主的心意。與上帝這樣聯合的靈魂會有很深的平安，但同時也會為世界的景況和當中失喪的人流下悲傷的眼淚。這階段仍未到婚姻的關係，而只是像訂婚。在雙方情投意合下，我們與基督在愛裏結連。魔鬼會企圖解除這盟約，但卻不能進入已經與基督結連的靈魂。我們祈求得蒙保守，專心致志邁進第六層。

大德蘭稱第六層為親密的聯合。靈魂已「情堅意決，只許配給這一位」。[4] 靈魂渴望與基督有更深一步的聯合。我們再次要忍受試煉：被批評和被社會排斥的試煉，被人讚揚的試煉，以及歸功給自己的誘惑。試煉可能是透過一場病而來，也可能是有一段時間陷入意志消沉，但心愛的人總會繼續呼喚我們。所受的苦楚會帶來更大的渴慕和想望。愛的火焰會燃燒得更為濃烈。「這愛的強度叫靈魂被渴慕所燒盡，……它是那麼明確地意識到它的主的臨在。」[5] 靈魂感受到這熾熱，卻不被它消滅。這「使人愉快的痛楚」是內心的一份渴慕想要完全地享受上帝和愛祂。靈魂在這階段可能會蒙主賜予愉悅的經驗：一些說話、異象和狂喜。心愛的主明顯是與靈魂一起，並在呼喚它。[6] 但大德蘭警告我們不要貪戀享受這些經歷，卻鼓勵我們單單渴求上帝的心意。如要繼續前進，便得放下這些經歷，然後才能以純潔的信心和愛心，並以完全無私的心進入與主的聯合。

大德蘭稱祈禱的第七個階段為「屬靈的婚盟」。靈魂「被最光亮的雲彩所燃點和照亮」。[7] 在這狀態中，聖三一被顯現出來。「這時上帝的三個位格與靈魂彼此交融。」[8]「靈魂會常常覺察到它正經歷這種陪伴。」[9]「這隱密的聯合是發生在靈魂最深的中心，這毫無疑問是上帝……居住的地方。」[10] 上帝在靈魂的中心的顯現，不是藉著看見，而是憑著信。祂向靈魂顯現「在天堂裏的榮耀」。[11] 我們在靈魂的最深處進入與上帝最深最親密的契合。

祈禱操練

作簡短的祈禱，求主帶你進入與祂親密而深邃的契合。做二十分鐘的歸心祈禱。

讀哥林多前書三章 16 至 17 節。經文哪個字在向你說話？成為聖靈的殿對你而言是甚麼意思？你需要作出甚麼改變？假如靈魂就像大德蘭所想像的是一個樓房，那麼你是否已走過最底層的房間？你是否願意放下一些阻礙你進入上帝臨在的內室的事物？在靈修札記裏寫下你對經文和大德蘭上述比喻的回應。決定你要怎樣使祈禱成為你每天的一項日程，以幫助你愈來愈降服於臨在並內住於你裏面的上帝。

靈修札記

第二十二天

上帝居住在中心

我必親自和你同去。

出三十三 14

以色列人被釋放離開埃及，來到了西奈山。他們在那裏看見了上帝可畏的顯現。厚厚的雲層把山籠罩。閃電、雷轟劃破了曠野。上帝吩咐摩西上山，他才有勇氣登上去。上帝在山上給摩西指示，其中包括在營的中間搭建一個帳幕的計劃。這代表著上帝住在百姓中間。

當摩西在山上，營中的百姓變得焦躁不安。他們等得不耐煩，於是便鑄造了金牛犢，以象徵把他們從埃及領出來的諸神。這拜偶像的事激怒了上帝。上帝於是吩咐摩西下山把金牛犢給粉碎，並且宣告祂將派遣天使領他們的路，但祂卻不會與他們同往。摩西甚為震驚，於是哀求上帝說，沒有祂的同在，他們便不能去。上帝收回祂的決定，並應許說：「我必親自和你同去，使你得安息。」（出三十三 14）

百姓按著感動盡顯他們的創意，又慷慨奉獻，在營中間搭建起會幕。當會幕建成，有雲彩遮蓋著它，「耶和華的榮光就充滿了帳幕」。這榮光實在滿有大能，即使摩西也不能進去。原文 *kabowd* 一字譯作「榮光」，其字面意思是重量、沉重、尊榮。一種可畏和震撼性的臨在駐紮在百姓中間。

上帝的臨在是在耶穌基督裏住在我們中間。「道成了肉身，住在我們中間，充充滿滿地有恩典有真理。我們也見過他的榮光，正是父獨生子的榮光。」（約一 14）基督居住在我們營房的中心。

曾有一個時期，信奉基督的人以主座堂或教堂為中心在它的周圍建造他們的城鎮。位於城中心的聖所標誌著上帝是生命中心的信念。

偏軸（eccentric）的意思就是離開了中心。偏軸的圓圈各自有不同的中心。一個被稱為異常（eccentric）的人，他的行為是發自與大多數人有別的另一個中心。當我們以自我為中心，便會失去了真正的中心。活著的基督是上帝在人心中的臨在，祂就是我們真正的中心。成為了肉身的主，就居住在我們存有的核心。

當我們在人生的風浪中航行，可以轉用自動駕駛的模式（autopilot），就是把我們的操控權交給聖靈，讓祂引導我們的思想和言行。我們可以祈求上帝，叫我們的直覺順應著聖靈的提示。正如一個人的良心敏銳於甚麼是道德上正確的事，我們的直覺也可以敏銳於聖靈的感動，讓它成為內心的羅盤，指示我們甚麼是上帝的旨意。

章伯斯在一九一六年出版的一本書中談及「直覺光照的操練」(“disciplining the intuitive light”)。他這樣寫：「如果聖靈在我們裏面，祂會給我們直覺上的分辨(intuitive discernment)，讓我們確實知道祂的心意。」[1]「如果聖靈在我們心中工作，⋯⋯我們會直覺上知道我們有否與基督同死，以及我們有否把自我的意旨交付給上帝神聖的意旨。」[2]

在我們的中心居住了那可畏、大能和慈愛的臨在者。有核心的生活(centered living)是發自這個中心。正如我們在歸心祈禱的時間中同意上帝的臨在並在我們裏面作工，我們同樣也在每天的生活中同意上帝在此時此刻的臨在和行動。

祈禱操練

想像在你生命的中心有一個指揮中心，它為你生命的所有層面提供指引。這指揮中心不是你的自我，而是基督。那個假我已不再操控制權；而真我，就是在我們裏面的基督現在掌權了。在二十分鐘的歸心祈禱中，同意上帝內住在你裏面。

閱讀出埃及記三十三章 12 至 14 節。默想這故事給你的盼望。上帝渴望與你同去。上帝的臨在就是你的力量和羅盤。祈求上帝叫你的直覺敏銳於聖靈的引領。把你的反省寫在靈修札記裏。思想這臨在者怎樣整天陪伴著你。

靈修札記

第二十三天

我們與基督神祕的聯合

基督在你們心裏。

羅八 10

當我們對準了真正的核心，生命便環繞著上帝，而不是我們的自私自利。我們會由自我為中心改為以上帝為中心。

基督居住在我們生命的核心。哥林多後書六章 16 節說：「我們是永生上帝的殿。」加爾文這樣評論：「上帝居住在我們中間，惟一的解釋就是祂住在我們每一個人裏面……因此這不單單意味著上帝很接近我們，好像祂在我們周圍的空中飛揚，其真正意義是祂以我們的內心作祂的居所。」[1]

在加爾文的釋經和神學論述中，他教導說我們是與那位居住在我們裏面的主聯合。論到羅馬書八章 10 節「基督在你們心裏」，他說：「因為藉著聖靈，祂使我們的身體分別為聖，成為祂的殿，祂現在照樣藉著聖靈而住在我們心裏。」[2]

以弗所書的作者為他的讀者祈求：「使基督……住在你們心裏。」（三章17節）加爾文這樣解釋：

> 保羅確當地闡明，凡是得到屬靈能力的人，就是有基督居住在心中的人。保羅也指出，基督居住之處，乃是我們的心，所以僅是在口舌上或頭腦中想到基督，乃是不夠。
>
> ……藉著信，我們不但承認基督因我們〔的緣故〕而受苦難，並且從死裏復活，而且承認，我們因接受祂而獲得並享受祂〔擁有祂並以祂為樂，正如祂把自己交付給我們一樣〕。大多數人以為，與基督交往〔相交〕和相信基督是同一件事。事實上，與基督交往〔相交〕乃是信的果效。總結一句，我們並不是藉著信，在遠處觀望基督，而是以心意迎接基督，使祂住在我們心中，以致我們被神的靈所充滿。[3]

在他的神學經典論述《基督教要義》中，加爾文這樣講論我們與基督的聯合：

> 元首和肢體彼此的聯合，就是基督居住在我們心中。這神秘的聯合對基督徒而言，是極為重要的事，因為我們一旦擁有基督，就享有神賜給基督

> 的恩賜。所以，我們並不是因為從遠處觀看基督而享有祂的義，而是因為我們穿上了基督，所以也被接在祂的身上。簡言之，我們是因基督喜悅使我們與祂自己聯合……人藉著信心空手來到基督面前，好讓祂的恩典充滿我們！[4]

我們與基督的關係好比最親密的婚姻關係。正如兩個人在婚姻中合而為一，我們也與基督合而為一（弗五 30～31）。[5]

在這親密關係中，基督「使我們不但在祂一切的恩惠上有分，也使我們擁有基督自己。……使你成為基督的肢體，與祂合而為一。」再者，加爾文又說：「基督並不在我們之外，而是居住在我們心中。祂不但以某種無法分離的交通使我們專靠祂，也以這奇妙的交通使我們一天比一天更與祂成為一體，直到祂完全與我們合而為一。」[6]

在記念主的聖餐中，基督的靈使我們與祂聯合。耶穌這樣吩咐門徒：「你們要如此行，為的是記念我。」當我們記念（remembering），我們是「再次」（“re-”）與祂聯為「肢體」（“member”）。那使我們與主聯合在一起的就是基督的靈。「祂使我們與基督聯合，且像是某種管子，好讓基督〔的所是和〕所有的一切都能通到我們這裏來……惟獨聖靈才能使我們全備地擁有基督，且基督惟有藉著聖靈住在我們裏面。」[7]

祈禱操練

舉起雙手，獻上讚美和感謝。認識那位創造和救贖的基督住在你裏面。端正坐好，讓你的禱語帶你意識上帝內住的臨在。做二十分鐘的歸心祈禱。

閱讀羅馬書八章 9 至 11 節。讓經文特別觸及你的其中一個字浮現出來。默想這個字。寫下你的思想。想一下「與基督神祕的聯合」就是救恩的精髓。讓你的禱告從這默想引發出來。又思想一下你怎樣可以在一整天的活動中讓「基督豐豐富富住在你裏面」。

靈修札記

第二十四天

從裏面而來的改變

照明你們心中的眼睛，使你們知道他的恩召有何等指望。

弗一 18

以弗所書一章 17 至 19 節的禱告所祈求的，是信徒心中的眼睛被照亮。它祈求以弗所書的讀者獲賜予一個洞見，使他們進入一個有盼望的生命；而當我們透過心中的眼睛來看上帝時，亦可能得著所需的洞見。這光照會徹底影響我們整個人。這「知道」不單是頭腦上的知識；它更是一種對上帝臨在的直覺意識，會燃點起我們心中的感情。

以弗所書三章 14 至 21 節是另一個祈禱，所求的是叫讀者內在的人剛強起來（參《新譯本》譯文）。它又祈求基督住在他們心裏，使他們在愛中扎根建基。在哥林多前書二章 11 節和羅馬書八章 15 至 16 節，保羅說明在我們生命的中心，我們是與主的靈深深契合的。從裏面而來的改變，可使我們整個人變得完全。

新教基督徒以三個層面來描述靈程。首先是**稱義**

(justification)。因著墮落的狀況，我們這些有罪的人需要與上帝復和。基督為我們成就了這個復和，除去上帝與我們之間的阻隔。我們是「因信耶穌基督」而稱義。(加二 16)「現在活著的不再是我，乃是基督在我裏面活著；並且我如今在肉身活著，是因信上帝的兒子而活；他是愛我，為我捨己。」(加二 20) 我們已被完全接納，跟上帝的關係已經有了確據。

第二個層面是**成聖**(sanctification)。在這成長過程中，我們愈來愈委身於上帝。保羅在寫給帖撒羅尼迦人的書信中這樣說：「上帝的旨意就是要你們成為聖潔。」(帖前四 3) 保羅接著具體地列出怎樣的生活可討上帝的喜悅：「用聖潔、尊貴守著自己的身體。不放縱私慾的邪情……不要一個人在這事上越分，欺負他的弟兄。」(帖前四 4～6) 保羅勸勉信徒要過聖潔的生活。在聖經中，凡是為了上帝的榮耀而分別出來的便稱為「神聖」("sacred") 或「聖潔」("holy")。我們是藉著聖靈的工作而得以成聖，在聖潔中不斷成長。

成聖的結果是帶來**榮耀**(glorification)。我們得榮耀，是為了把榮耀歸給上帝。這是成就我們被造的目的。當我們死後與眾聖徒和天使一同在天堂的愛和讚美當中，我們的榮耀便變得完全。我們既是蒙上帝寵愛的子民，現在其實就已經活在這盼望當中了：「這奧祕……就是基督在你們心裏成了有榮耀的盼望。」(西一 27)

古典的默觀傳統也包含三個階段。首先，我們需要被

煉淨（purgation）。罪惡阻擋我們進入與上帝親密的關係。但上帝的憐憫煉淨我們。基督除去我們的罪疚和羞愧。我們靠祂的力量放下損害我們的慾念，讓愛上帝和愛鄰舍的心塑造我們。聖靈的能力使我們完全，祂煉淨我們的苦澀、憤恨、埋怨、恐懼和憎恨。在自由中我們領受與上帝同行的生活。

第二，**光照**（illumination）給我們指示當走的路。上帝的恩典把我們的眼睛打開，領受基督的亮光。我們看見上帝對我們的心意，又蒙祂賜予分辨的能力，曉得我們各人服事基督的呼召。在上帝光照之下，我們看見創造主的臨在並在這世界作祂的工。我們得見異象，看到上帝的掌權以及我們可以怎樣回應。既蒙三一上帝的厚愛，我們會尋索怎樣跟別人分享這愛，在與上帝同行的路上蒙祂引領。

第三是我們與主**聯合**（union）。當我們被主的愛擁抱，便滿心感到恩惠，也深深愛祂。在這愛的關係中，我們與主完全合而為一，但我們不是被融入主裏面而失去自己。當我們與創造主和一切受造之物合而為一，這便成全了我們每一個人的靈魂。在與主的聯合中，我們得到了永恆的生命，常常被三一上帝的愛擁抱。

祈禱操練

當你預備進入歸心祈禱，放下你對這段祈禱時間的期望。不要帶著任何議程來祈禱，只要開放給主所賜下的。

記得聖靈在你內心所作的轉化之工不是在祈禱時間內明顯可見的。它的足迹其後才會見到。你在信心和愛心上的增長是上帝工作的結果，你要做的，是領受祂對你的轉化。在二十分鐘的歸心祈禱中，讓你的禱語成為你同意主臨在並在你裏面作工的記號。

閱讀以弗所書一章 17 至 19 節。聆聽主對你說的一個字。把這個字和你就這字的默想寫在靈修札記上。祈求主讓你樂意接受祂在你生命中的工作。把這份樂意的心帶到你的活動中。

靈修札記

第二十五天

尋求上帝的面

上帝榮耀的光顯在耶穌基督的面上。

林後四 6

希伯來聖經提到上帝的面，差不多有四百次之多。雅各在毗努伊勒遇見上帝後便說：「我面對面見了上帝。」（創三十二 30）詩篇二十七篇 8 節這樣說：「耶和華啊，你的面我正要尋求。」上帝在歷代志下七章 14 節這樣應許所羅門：「這稱為我名下的子民，若是自卑、禱告，尋求我的面，轉離他們的惡行，我必從天上垂聽，赦免他們的罪，醫治他們的地。」啟示錄又應許，我們在將來的上帝之城「要見他的面」（啟二十二 4）。

保羅預期我們有一天會面對面看見上帝（林前十三 12）——不是彷佛對著鏡子，模糊不清，而是直接地看見祂；與上帝的關係也不是帶著距離，而是親密和接近的。

上帝是面對面囑咐摩西的。出埃及記和申命記記載他們親密地交談：是面對面的（原文作 *paniym el paniym*；出三十三 11；申三十四 10）。民數記用了另一個字去形容摩西與上帝的親密關係：口（原文作 *peh*）。上帝是「口對口」（原文作 *peh el peh*）的跟摩西交談（民十二 8）。上帝與摩西溝通，不像祂跟先知溝通常用的異象和夢境，而是透過親密的相交。

我們喜歡跟人面對面，而不是隔著距離來溝通。我們會透過電郵發出和接受信息。而透過電話的交談，則可以聽到對方的聲音，從聲調中聽出對方的快樂或憂愁。但只有面對面說話，才可以讓我們更深一層看到對方的面部表情。而身體語言更是流露出一個人不少的情緒和意向。

我曾經目睹世界貿易中心的建造過程，因為當時我居住在哈德遜河（Hudson River）的另一邊。這建築物裏面的人全都可通過電子方式溝通。這建築裝配上了電線，讓人可以進行電話會議，從而省卻召集與會者前來開會的費用。可是，人們總喜歡聚在一起，因為大家聚首一堂，可令溝通達到更佳的效果。

即使我們運用最豐富的想像力，也不能測透那至聖者的偉大和威榮，然而聖經卻鼓勵我們面對面認識上帝。耶穌就給了我們一張人的面孔，叫我們藉此尋見上帝。哥林多後書四章 6 節說：「〔上帝〕已經照在我們心裏，叫我們得知上帝榮耀的光顯在耶穌基督的面上。」藉著從信心而生的直觀，我們在萬事萬物中看見上帝。我們與主的親密關係，也讓我們得見祂的面。靠著主的恩典，我們可以享受這種親密的相交。每天的祈禱操練，可深化這種親密的關係。

我深信在我們生命的核心，我們是切慕著與主聯合的。可是，我們同時也害怕遇見我們的創造主。因此，最吸引我們的，也最令我們感到害怕。一些關乎上帝的思想，可以把我們的安靜時間填滿種種的需要和渴想，因此其實是助長了我們逃避與上帝親密。我們可以用頭腦去研讀聖經，而沒有與它的「作者」親近。

我們可能覺得自己不配跟上帝親近，覺得自己還未完全得著祂的赦罪，以致被拒諸門外。我們也許認為只有聖人和神祕隱修者才可以與主有親密的關係。

新教改革者教導聖徒皆祭司的觀念，鼓勵每一個人跟上帝有密切的關係。在敬虔運動中，個人和祈禱小組從內心的敬虔發出了自然流露的祈禱。在羅馬天主教會，依納爵（Ignatius of Loyola）教導人奉行「神操」（"Spiritual Exercises"），讓繁忙的人也可以進入默觀。可是，教會當局因為害怕人過猶不及，走火入魔，結果很多時並不鼓勵人嘗試默觀這個祈禱層面。

感謝主，今天再度掀起了對默觀祈禱的興趣。書籍、工作坊和退修會都有助我們進入福音中的默觀層面。我們也可以在書店找到神祕隱修者的著作。默觀者的教導重新被發掘出來。我們重新被邀請進入與上帝的親密關係中。

祈禱操練

閱讀詩篇二十七篇 8 節及 14 節。做二十分鐘的歸心祈禱。

閱讀哥林多後書四章 5 至 7 節。當一個字觸動你，默想上帝藉著這個字給你甚麼信息。把聖靈向你說的話寫在靈修札記上。反思你跟上帝的關係。這關係是面對面的，還是有甚麼東西攔阻著這親密的關係？獻上禱告，求主賜給你一顆渴慕跟祂有親密關係的心。把這禱告寫在靈修札記上。在結束這段安靜時間之際，為著上帝對你的渴慕大過你對祂的渴慕而感謝祂。

靈修札記

第二十六天

親密的契合

若有聽見我聲音就開門的，我要進到他那裏去，

我與他，他與我一同坐席。

啟三 20

歷代的祈禱教師給我們留下了一些甚具感染力的圖畫，描繪我們與上帝親密的關係。克勒窩的伯爾納（Bernard of Clairvaux）生於十二世紀，憑著那叫人傾倒的魅力和熱情的性情，他的講道吸引了許多年輕人進入修道院。他接觸對壘的統治者，化干戈為玉帛。城邦也因他的出現而歸信基督。他著有《論恩寵與自由意志》（*On Grace and Free Choice*）及《論愛天主》（*On Loving God*），講述我們怎樣回應上帝的愛。聖經雅歌對於愛情所用的意象令他著迷。他體會到人間情愛中最親密的表達，是指向我們與上帝共享的親密關係。對於雅歌三章 1 節「尋找我心所愛的」，伯爾納作出下述評論：「若非你先被追求和蒙愛寵，你又怎會去尋找祂或愛祂⋯⋯正因如此，你才得著熱忱和動力去尋找祂。」[1] 我們的靈魂既蒙主如此厚愛，「現

在更進而想到締結婚盟……當你看到一個人願意放下一切，全心全意委身給聖道，……以至可以說：『我活著就是基督，我死了就有益處』，你便知道這人是聖道的配偶和新婦。」[2]

詩篇也表達了我們對上帝的愛。詩篇十八篇1節說：「耶和華，……我愛你！」詩篇一百一十六篇1節呼喊：「我愛耶和華。」加爾文說，我們的禱告是從「這甘甜的愛」流溢出來的。[3] 他跟伯爾納一樣用這個字去形容這「甘甜」（*dulcedo*）。加爾文想像我們都被引到主的「懷中」。[4] 我們並不是站在老遠的地方，離千萬丈地呼求上帝。上帝是以祂慈愛的膀臂擁抱著我們。當被緊緊地抱在主的懷中，我們可以向祂傾心吐意。

門徒看到祈禱在耶穌生命中至為重要。路加告訴我們，有一次當耶穌禱告完畢，一個門徒問祂：「求主教導我們禱告。」當跟隨祂的人觀察到祂與天父的親密契合，他們也希望學習這樣禱告。他們其實早已經認識關於祈禱的傳統教導。作為虔誠的猶太人，他們按照習俗每天都有三次的祈禱。早上、下午三時在聖殿獻祭時和晚上，他們都會唸誦祝禱。這些習慣性的祈禱包含背誦一些禱文，並輔以祈求。門徒親眼目睹耶穌在祈禱，感受到祂與天父關係之深。祂大清早便上山祈禱。在揀選十二使徒之前，祂更是徹夜禱告。此外祂也教門徒祈禱的功課。

耶穌給門徒留下了模範，讓他們曉得怎樣向上帝禱告。主禱文提出了實例，教導我們怎樣為上帝在世界的工作以及我們基本的需要去求祂。

耶穌吩咐門徒禱告要恆切，要像那個纏磨著不義的官的婦人，以及那個半夜遇到朋友前來求助的人一樣。當這人沒有餅給他的訪客，便到朋友那裏求餅。這朋友起初因為已上牀而拒絕他，但因為求助者情詞迫切，他最後也起來給朋友需用的餅。

耶穌說，正如地上慈祥的父親會把好東西給他們的兒女，天父更會把聖靈給我們。上帝會回應我們的禱告，將祂的同在與能力賜予我們。

耶穌教導祂的門徒要與「阿爸父」有私人相交的時間。在登山寶訓中，祂教導門徒要把祈禱變為與主的個人約會——祈禱不是擺出敬虔的姿態，也不是用許多說話——是在隱密處的約會。祂教導我們，惟有在獨處中方可進入與上帝親密的契合。

肯培斯在《遵主聖範》一書中這樣說：「當關上門，請你所愛的耶穌進來。要與祂在屋中〔隱密處〕同住，因為在別處你必找不到這樣大的平安。」[5] 肯培斯又引述路加福音十七章21節「上帝的國就在你們心裏」，說我們要往裏面找上帝的國和內住的基督。他說：「忠心的靈魂啊，要快為新郎預備你的心，等待祂來到，住在你裏面。因為他說：『人若愛我，就必遵守我的道……並且我們要到他那裏去，與他同住。』（約十四23）」[6]

啟示錄三章20節說，基督向老底嘉的教會發出一個奇妙的建議。祂也向你提出同樣的建議：「看哪（譯按：

英文《新修訂標準譯本》作『聽啊』），我站在門外叩門，若有聽見我聲音就開門的，我要進到他那裏去，我與他，他與我一同坐席。」

祈禱操練

閱讀詩篇一百一十七篇。做二十分鐘的歸心祈禱。

閱讀啟示錄三章 15 至 22 節。上帝藉著這段經文向你說甚麼？給基督開門，對你的意義是甚麼？把你所聽到聖靈對你說的話記下。為自己和教會祈禱，祈求一顆向聖靈開放的心。向上帝獻上謝恩，因為當你迎接祂前來與你一同坐席，你便可以跟祂有親密的契合。

靈修札記

第二十七天

心靈的禱告

我要一心稱謝你。

詩一三八1

加爾文認為，祈禱的目的是「讓我們的心能熱烈地渴慕尋求、愛〔慕〕和事奉神」。[1] 加爾文在一五三八年的教理問答中這樣寫道：「我們往下走到心中的最隱密處，就是從這處，而不是從喉嚨和舌頭，我們呼求上帝……真正的祈禱不是別的東西，它惟獨是我們心中的純潔愛慕。」[2]

當我們祈禱，我們因「真正從心裏渴求」[3] 而來到上帝面前。加爾文寫道：「〔正確來說〕祈禱是人將心裏的感覺誠實地獻給那位鑒察人心的神（參羅八27）。」[4] 我們是從生命的這個核心之處表達我們對主的情愛。我們是把自己呈獻給主，正如加爾文的圖章所表達的，手裏捧著一顆燃燒的心，說：「主，願把我心毫不猶疑地，真誠地呈獻給你。」

「心」這個字在希伯來文作 *leb*，可指人體中負責把血泵出的器官。但它往往指一個人內在的感官和情緒之所在；這是人的內在傾向、態度和動機的核心。我們可以有一個膽怯的心或勇敢的心，一顆硬心或體諒的心，一個驕傲的心或傷痛的心。我們是在這深處經驗各種情緒和塑造我們的意向。

在新約中，「心」這個字作 *kardia*，它通常不是指我們胸部的器官，而是指裏面的人。不論善惡的思想都是發自裏面這個地方。耶穌說：「心裏所充滿的，口裏就說出來。」（太十二 34）

在基督教歷史最初幾個世紀，一些沙漠教父發展了一種祈禱的姿勢，教人凝視內裏的深處：把頭垂下，鬍子緊貼著胸腔，讓眼睛透過肚臍而凝視著裏面，他們相信這處就是生命中心的所在。「凝視肚臍」（navel gazing）這句話就是源於這個典故。今天我們也許會取笑這些人的曲解，並假借它來形容徒勞無功的事，可是這些年長的沙漠智者確實參悟到一個道理：上帝就住在我們身體的中心——我們情感所在之處。

從聖經的角度看，人的思想和感情都是發乎中心。無論是思想、洞見和想像力，都發乎整全的人。賦予我們思維能力的思想是整個人運作的一部分，而非單單腦部的運作。同樣，情感也不單單發自我們的身體結構下面的部分，而是頭與心一起運作的功能。

我們是全人投入地進入祈禱中。與主交談時，我們在運用思維。優秀的思想可帶來以聖經研究為根據的穩健神學。當我們聆聽上帝說話，我們會思考所聽到的。因此，我們當然在運用腦袋——但卻不是單用腦袋。我們是盡心、盡性、盡意、盡力，即整個人去愛上帝。我們是帶著頭和心，即我們整個人去與我們的創造主相交。

號稱「新神學家」的西緬（Simeon the New Theologian）是公元一〇〇〇年左右的一位多產作家和祈禱教師。他創辦了一間修道院，經年累月過著靜修的生活。他提醒人不要單單用頭腦去禱告。他說，我們的頭腦應置放在心裏。我們是從內心深處祈禱，享受著基督的愛。

當加爾文思想耶穌教導要向隱密中的天父祈禱，他這樣寫道：「我深信祂的這話教導我們當私下向神禱告，因這會幫助我們全心全意、深入地與神交通〔相交〕。祂保證當我們出自內心親近神時，神因我們的身體是祂的聖殿，也將親近我們（參林後六 16）。」[5]

對加爾文來說，進入祈禱的密室，就是「全心全意、深入地與神交通〔相交〕。」[6] 可是，我們許多自認為加爾文屬靈後嗣的人，卻寧可停留在我們的腦袋。我們信任我們的思想多過我們的心。我們會引述這句聖經章節：「人心比萬物都詭詐。」（耶十七 9）可是，聖經也教導「我們良心的邪惡既然〔藉著耶穌的寶血〕被灑淨……那麼，我們就應該懷著真誠的心和完備的信，進到上帝面前。」（來十 22，《新譯本》）以弗所書的祈禱是「使基督因你們的信，住在你們心裏。」（弗三 17）因此我們的祈禱是發自有基督內住的心。詩篇一百三十八篇1節說：「我要一心稱謝你。」我們在禱告和日常生活中所表達對上帝的愛即是發乎我們的心，我們生命的中心。

號稱「隱居者」的西奧芬（Theophan the Recluse）是俄羅斯十九世紀一位神祕主義者，他這樣形容祈禱：「我們必須帶著我們的腦袋往下走進心中，在那裏站在上帝面前。祂是那位在你裏面永遠臨在，並看見一切的主。」[7]

祈禱操練

站立，把胳膊和腳伸開。儘量向前傾，再向後傾，然後向兩邊傾。當你嘗試維持平衡時，留意你的重心所在。它大概在你軀幹的中心。這中心便是聖經所說的心。但它是位於那負責泵血稱為心臟的器官下面。它更接近肚腹或腸臟的區域，就是你經驗你的內心感受的地方。這是你生命的中心。做二十分鐘的歸心祈禱，把這段時間奉獻給內住在你裏面的基督和祂對你的愛。

閱讀詩篇一百三十八篇。哪個字向你的心說話？寫下你心中對所領受的字的回應。對你來說，基督在你的中心有何意義？祈求主讓你放下對別人的愛戴、操控和安全的渴望，你需要先放下這些，好讓基督住在你裏面。讓基督的喜樂充滿你心，也讓你的心以主的愛為樂。

靈修札記

第二十八天

領受的祈禱

你們得救是本乎恩，也因著信；

這並不是出於自己，乃是上帝所賜的。

弗二8

在歸心祈禱的操練中，我們完全倚靠上帝的恩典，所採取的是一種領受的心態（a stance of receptivity）。我們所做的不是專注，或把注意力放在某一個焦點上面；除了放下我們的思想和努力，並同意上帝的臨在和行動，我們甚麼也不作。其他一切都是上帝的工作。我們只管把自己敞開，好去領受上帝藉著恩典而賜予我們的愛。

別的祈禱方式都需要專注。某些祈禱方式需要我們懇切地祈求。在代求中，我們懇切地把我們的關注帶到主面前。在聆聽的祈禱中，我們全神貫注地留心主對我們說的話。短誦式的默想（mantric meditation）需要運用專注。不斷地重複短誦(mantra)或短語有助祈禱/祈禱者集中精神，進入另一種狀態的意識中。專注可令我們更留心。至於正念默想（mindfulness meditation），則可提高我們的意識。

歸心祈禱並不要求我們不斷地使用一個短誦，也不用意識我們的呼吸，或努力提高我們的注意力。我們只管放下一切的努力，坐下來，願意降服在上帝面前。我們帶著開放的態度等候，透過我們的禱語轉向上帝，這禱語表達了我們預備好領受上帝的愛。

在初春之際，我們可以把一盆連翹放在居室，給它澆灌，為它提供一個温暖的生長環境，從而「迫使」它的枝子發出漂亮的黃色嫩葉。但其實我們並不能使葉子長出來。這個早春的信息是天賜的禮物。當我們勤於禱告並預備一個温暖的神聖空間，上帝的愛便在我們裏面綻放——這純粹是恩賜。

當我學習歸心祈禱，我要棄掉不斷重複唸誦一句短語或一個字的方法。我曾有一段時間使用耶穌禱文及其他配合呼吸節拍的短語，藉此幫助我在主面前安靜。在歸心祈禱中，我要學習放下這種努力。我發現自己在使用**努力**（try）和**努力吧**（trying）這些字眼。後來我發現，就歸心祈禱而言，努力反而有損無益。在歸心祈禱中，我是降服在上帝的行動之下。我並不嘗試去成就甚麼。在學習歸心祈禱的過程中，我開始明白，嘗試做得好的努力反而阻礙這祈禱。我愈加努力，便愈付出更多努力而沒有信靠主的恩典。

也許我們會渴望某種平安或高漲的情緒，或會期待得著某一種經驗。可是，我們在歸心祈禱中都把這些期望一一放下，操練付出人的最少努力。我們只管降服，而不要付出努力去達到某一種情緒或官能上的效果。我們放下有甚麼應該發生的期望。我們的得救，完全在乎上帝的恩典。

曾有人不明白為何每次使用禱語時都在表達我們同意上帝的臨在，於是向我提出以下的問題：「為甚麼要不斷向主表達我的同意呢？」事實上，生命中的一切恩賜和醫治都是上帝主動賞賜給我們的。我們表達同意，是因為上帝尊重我們可以拒絕也可以接受的自由。當我們表示同意，我們是把自己開放給上帝在我們身上所賜的恩典。

加爾文在《基督教要義》第二十章論到祈禱，題目為〈我們領受基督之恩的方式〉。關於領受恩賜，加爾文就祈禱所列的第二個原則，是我們深感自己的無能為力，因而帶著誠心的渴望和悔悟去祈禱（第一個原則見該書頁854）。[1] 加爾文的第三個原則是我們懷著謙卑的心，倚靠上帝的恩典去祈禱。我們是以順服和信靠上帝憐憫的心態來到祂面前。[2] 第四個原則，是我們抱著信心和盼望祈禱。[3] 因著我們對基督的信心，我們的祈禱「是『在聖靈裏』⋯⋯警醒不倦」。[4]

領受的祈禱（receptive prayer）足可改變我們的生命！我們懷著誠懇、謙卑、信心和盼望的心觀看上帝所作的工，並在基督的愛和大能中忍耐到底。我們迎接發生在我們身上的事，樂意接受主想在我們身上作的工。

祈禱操練

舉起雙手，手掌打開，祈求上帝給你完全開放的心，好去接受基督所賜那能改變生命的愛。讓你的手表達你單單想領受上帝恩賜的渴望——不要為自己抓著甚麼，也不要拉拉扯扯，只管去領受。進入二十分鐘的歸心祈禱，以你的禱語象徵你願意接受上帝慈愛的臨在以及祂的靈所作的轉化之工。

閱讀以弗所書二章4至10節。留意經文其中一個字，聆聽這字向你說的話。聆聽上帝賜給你的話。默想這話對你的意義。留意它在你內心牽動的情緒。寫下你所領受的。獻上謝恩的祈禱，也祈求上帝引導你回應所領受的。在安靜中準備出去，帶著開放的心接受主每時每刻給你的恩賜。

靈修札記

第二十九天

邁向另一境界

一舉一動有新生的樣式。

羅六4

當我們迎向上帝，有時會「碰壁」。有時我們會在途中的崎嶇路上絆倒。十架約翰以黑夜這個隱喻去描繪這些不濟的光景。雖然艱難，但它們其實可以是一個過渡期，把我們帶到一個新的祈禱境界。

十架約翰（1542～1591年）是西班牙加爾默羅會一位修道士，他跟阿維拉的大德蘭共同創辦了赤足加爾默羅會。他曾因銳意改革修會而遭反對者陷害，有一段時間身陷囹圄。他在獄中賦詩，表達跟上帝的親密關係；後來又撰文解釋這些詩作的意思。我們從他那裏學到由談話式的祈禱轉到默觀祈禱的艱苦過渡。

我們都不想放下令我們感到舒適的舊有方式。為了進入默觀的深沉靜寂而要放下一些抱持已久的觀念和意象，我們會覺得痛苦萬分。我們放下，不是由於我們想放下，而是因為上帝在我們裏面所作的深沉工作。聖靈要把我們帶進與上帝的奇妙契合中。

這過渡期可以是一段「黑暗」的日子，上帝似乎不見了。在這黑夜中，我們會感到虛空，接觸不到主。在先前的祈禱階段伴隨著我們的安慰不復出現。這時我們需要忍耐，繼續祈禱。跟一位靈修導師談一談是很有益處的，導師既可以幫助我們指點路標和陷阱，也代表著上帝的同在。我們可能想藉忙碌的生活而逃避，或被引誘而拒絕相信上帝。我們可能被誘使放棄，變得憤世嫉俗或沮喪。基本上我們需要記得，上帝會在整個過程中看顧著我們；正如詩篇說，我們需要「等候上帝」。如果我們容許上帝為我們的轉化而在我們心靈深處工作，這黑夜將會成為賜新生的經歷。

在這黑夜中，當我們放下假我，驕傲會轉化為謙卑；我們會放下貪婪的慾念。十架約翰說這黑夜有兩個階段：肉體的和心靈的。

在肉體的黑夜中，我們對官能上快感的戀慕會消失，從而使各種處境、人和事對我們的吸引力也變得淡而無味。心靈的黑夜卻來得更深。靈魂要被煉淨，「好預備要與上帝在愛中聯合」。[1]即使來自靈修的快樂也要放棄。在先前行過的靈程中，一些字句和意象給予了我們力量和情感上的喜悅，但在黑夜中我們一切的努力都變得徒勞無功，叫我們只得全然倚靠上帝的大能和愛。我們進入「漆黑一片，感覺枯燥無味的默觀中⋯⋯可是它卻向經歷的人本身隱藏和躲蔽起來」。[2] 心靈落入一種虛空、貧乏和被拋棄的狀態，「在黑暗中變得枯竭和虛空」。[3]

當自私自利的心被煉淨，我們會發現，雖然我們在這些日子好像被拋棄，但卻被引進到單純的信心，這時我們不再求自己的益處，而是完全以上帝為中心。這種與主更深的關係不是透過知性的反思、異象、意象或屬靈的經歷而得到的，而是透過默觀，即一種愛的專注。十架約翰說這黑夜中的默觀是「快樂」的，因為它把我們引進與上帝在愛中的聯合。「這時只有愛在燃燒，叫它的心靈渴想所愛的主，這愛驅動和引領著心靈，叫它在孤寂的路程中朝著主向上飛升，縱使它不知道怎樣或以何種方式走。」[4]

在黑夜中，我們不知道自己在往深處走向上帝，抑或在失落中。有三個徵狀顯示我們在邁向一個新的境界：由言說的祈禱（discursive prayer；亦稱思維的祈禱）轉到默觀的祈禱。首先，舊有的祈禱令我們覺得虛空，不得滿足。我們發現自己只想坐下來，靜靜地與主在一起，即使停留一會在安靜中也感到滿足。以前在祈禱中的喜樂已煙消雲散。以前跟主交談和默想的方式似乎都不中用。在這段枯竭和黑暗的期間，上帝其實是以更直接和即時的方式把我們帶進與祂的聯合。這枯竭和黑暗不是因罪所致，乃是聖靈在我們裏面所作的轉化之工。

這過渡的第二個徵狀，是我們在黑暗中切切地渴想上帝。我們渴慕上帝。這種枯竭不是由於我們**沒有**渴望。我們的焦慮正正顯示我們渴慕跟隨上帝的旨意，無論這是帶領我們到何處。我們被引進到一種嶄新的愛的方式。

第三個徵狀，是我們的努力完全徒勞無功。透過官能上的想像或理性的反思去認識上帝的方法不再叫我們滿足。取而代之的，是上帝開始「以單純的靈」（“by pure spirit”），「藉著簡單的默觀」（“by an act of simple contemplation”）與我們溝通。[5] 十架約翰說，當一個人邁進祈禱的另一個境界，他會遭逢風暴的打擊。這可能是自私和肉體情慾的風暴，也可能是對主感到不耐煩和憤怨。當自私的心要從我們裏面被剷除，混亂、迷惘和猶豫不決的烏雲會遮蓋我們。我們惟有降服，讓主在我們裏面作其轉化之工。

約翰在他的著作《愛的活焰》（*Living Flame of Love*）一書中提醒我們要跟隨聖靈的引領，不可後退。他說，我們必須明白，「假如我們的靈魂追求上帝，那麼我們所愛的主則會把我們追求得更懇切」。[6] 因為當我們被引進默觀祈禱，上帝「是以愛和簡單的知識與我們契合，因此當我們的靈魂與祂契合，也必須以一種愛和簡單的知識或意識去領受，讓知識與知識聯合，愛與愛聯合」。[7] 當我們脱離了追求自私的快樂，無論是肉體的或屬靈的，我們便進入默觀祈禱的寧靜契合中。我們得以進入「良人最隱密的房間」。[8] 就在那裏，我們在虛空和獨處中，「以愛和單純的專注等候上帝」。[9] 我們的靈魂可能並未意識到有甚麼進展，「因為上帝把我們抱在祂的膀臂中」。我們之所以進步，是因為上帝在我們裏面作工。[10] 一切有違我們愛上帝的東西都被拋棄。當一切幻象的濕氣都乾透了，我們便能夠成為被愛的活潑火焰燃燒得光亮的木柴。[11]

祈禱操練

燃點一支蠟燭，標誌著你相信上帝愛的火焰刺穿你的黑暗。做二十分鐘歸心祈禱。

閱讀羅馬書六章 3 至 11 節。甚麼觸動你？對你來說，與基督同死是甚麼意思？你要經過怎樣的「黑暗」和「死亡」，好讓攔阻你愛主的東西失去其吸引力？你要清除甚麼東西，使你的愛火可以光亮地燃點起來？寫下你的答案。你曾在怎樣的黑暗無光和枯乾的日子裏更完全地倚靠上帝？憶述一個你後來覺察到主在作工的黑暗日子。寫下你學到的功課。在靜默中預備把這些功課帶陪你上路。

靈修札記

第三十天

發乎中心的生活

要常常喜樂，不住地禱告。

帖前五 16～17

歸心祈禱操練所產生的果效，是一種發乎中心的生活。這種被轉化的生命是來自基督臨在我們生命的核心之處。正如枝子從其根部汲取生命，這結果子的生命則是來自與基督的聯合。

最好的橘子是長於與好根接枝的枝子上。當我們與基督連接，我們的生命便果實纍纍。耶穌説，住在祂裏面而祂也住在他們裏面的人，就像葡萄樹的枝子；他們從上帝這個源頭領受生命，因此結出豐碩的果子。當我們活在基督裏，基督也在我們裏面活著，我們便順從祂的命令，彼此相愛（見約壹三 23～24）。因為上帝先愛我們，我們也愛我們的弟兄姊妹（參約壹四 19～21）。

當我們肯花時間作歸心祈禱，很多事情其實在發生。我們的祈禱是同意聖靈的臨在和在我們裏面的工作。在歸心祈禱進行期間，我們並不知道這工作是甚麼，但它會在我們生命中起潛移默化之效。歸心祈禱的果子會在日常生活中彰顯出來。

這種同意主臨在和作工的心態會成為一種生活的態度。有人說：「如果基督與你一同駕駛，那麼就跟祂交換座位吧。」當我們降服在基督面前，讓祂作我們的指揮，祂便從裏面把我們改變過來。舊我要死去；新人要誕生。我們的生活與基督聯合，並直覺地跟隨基督的帥領。

透過在獨處中的靜默祈禱，我們會漸漸在生活中有更敏銳的觸覺，更深意識到創造主和一切受造物。我們變得每時每刻都覺察到上帝。

當我們對正了中心，生活便發乎內心。可是我們的生活每每恰恰相反。我們會受制於別人對我們的期望，被處境控制我們，以致沒有自由和能力作自己的抉擇。其他人、我們的工作、種種羈絆和沉溺聯成一個陣線，叫我們成為被轄制的俘虜。可是，當我們找到自己的真我，便有自由過一種發自真正中心的生活。

使用一種在活動中祈禱（an active prayer）的操練有助我們保持在中心。這祈禱利用短句來表達我們同意主臨在我們日常生活的每一刻。希伯來人會隨著呼吸重複唸誦詩篇的短句。三、四世紀的沙漠教父所教導的不住禱告，也是重複唸誦經文。在一日當中重複唸誦耶穌禱文，可培養我們常常意識到基督的恩典。

羅恩．德斌（Ron DelBene）認為活動中的祈禱是一種

「呼吸祈禱」(“breath prayer”)。[1] 我依照他的建議自行建立一種簡短的祈禱，以表達我希望在日常生活中持守著默觀的態度。當我不需要集中精神時，例如在郵局排隊等候、洗碗或緩跑時，我便以這短句祈禱。我現在唸誦的活動中祈禱是「上帝，求使我覺察你的臨在。」

這短句祈禱可被稱為呼吸祈禱，因為它可以一口氣説完。它也使我們每時每刻跟聖靈的氣息協調。正如耶穌禱文一樣，這祈禱可跟吸氣和呼氣一併進行。這方法可以把祈禱帶到日常活動中，加強我們在此刻對上帝臨在的意識，以致成為我們潛意識的一部分。

祈禱操練

閱讀詩篇七十篇。做二十分鐘歸心祈禱。

閱讀帖撒羅尼迦前書五章 16 至 24 節。上帝透過這段經文向你説甚麼？你怎樣可以把祈禱的態度帶到日常事務當中。寫下你的靈修札記。

花幾分鐘時間進行「呼吸祈禱」。求聖靈幫助你感受你最深的渴望。讓一個表達你深切渴望的短句從裹面浮出來。把你最喜歡呼喚的上帝名稱加進這短句中。帶著這祈禱，每當你有時間作思考時便回想它。

靈修札記

第三十一天

每天的祈禱

上帝啊，你是我的上帝，我要切切地尋求你……我的心切慕你。

詩六十三 1

珍．雷蒙（Jane Redmont）在她的著作《在懷疑時當歌唱：在日常生活中經歷祈禱》（*When in Doubt Sing: Experiencing Prayer in Everyday Life*）一書中提及芝加哥已故巴納丁樞機主教（Cardinal Joseph Bernardin）的一則故事。

在來到芝加哥之前，巴納丁曾有「一個悔改的經歷」。當時身任大主教的巴納丁正帶領一個退修日——對象是幾位他在多月前按立的辛辛那提（Cincinnati）神父——一個為這批新丁作最後預備的退修會。在一個關於「教區神父祈禱實務」的會議上，他告訴這羣年輕神父，身為主教，他的牧養職責極其繁重，因此實在抽不出時間好好坐下來祈禱，即使是十五分鐘的簡單祈禱也做不到。他這樣告訴這羣年輕神父：「我學到的方法，是把我的工作當作祈禱。」但他們的反應卻令巴納丁十分驚奇。「其中三人對他們主教的智慧不以為然，而且更前來向我表示他們甚為吃驚。另一位更對我說他感到憤慨。這三位新任神父並不只是提出抗議而已。」巴納丁繼續說：「他們還表示會以任何可行的方式，支持我開始培養每天抽出一段重要的時間作個人祈禱的習慣。」他們真的貫徹始終，來到他那裏跟他一起祈禱，也送上鼓勵的便箋。他們「為他堅持到底」。

「這改變了我的生命，」巴納丁承認說。「它改變了我的牧養事奉，它改變了我跟基督的個人關係。」

巴納丁把每天的第一個小時騰出來作個人的祈禱。「通常我五時半開始祈禱。但如果當天一早有事要辦，我便會早起一點，因為這已成為我一天中最重要的一個小時。」[1]

加爾文建議我們要恆常禱告。他說我們當時時刻刻舉心向上帝，不斷地禱告。[2] 加爾文又說，由於我們軟弱，我們需要劃定一些祈禱的時間。「這些時刻是：早上起牀時，開始工作前，吃飯〔前後〕和睡覺之前。」[3] 如果按著加爾文的建議在「劃定的時間」祈禱，我們便能夠培養出一種與主更親密的關係，其結果是我們每時每刻都覺察到祂。

加爾文這樣教導我們，除非我們的公禱是發自私禱的操練，否則不能有效地作公開的祈禱。他這樣說：

> 禱告……主要在乎我們的心，也要求我們離棄

一切使我們分心的事物，得以進到神面前。因此，連主自己想要更迫切地禱告時，祂習慣離開眾人的吵雜尋找安靜的地方，不是沒有道理的，祂這樣做是要我們效法祂的榜樣，不要忽略這些能幫助我們軟弱的心更迫切禱告的方法。……此外，忽略私禱的人，不管他是否從不錯過任何公禱的機會，他的公禱也是虛妄的，因他在乎人的看法勝過神隱密的判決。[4]

諾寶（George W. Noble）在一九〇七年出版了一本祈禱小書，就祈禱提出了下述睿智的建議：

騰出時間，離開所有的朋友和所有的事務，也離開所有的掛慮和所有的歡愉；這是在上帝面前的寧謐和安靜的時間。騰出時間讓自己享受這份寧謐，不單要離開人和世界，也要離開自己和自己的努力。讓上帝的道和祈禱成為至寶，但記得即使這些也可能阻礙安靜的等候。腦袋的活動，不論是研讀上帝的道或在祈禱中表達我們的思想；或心靈的活動，帶著它的渴望、希望和恐懼，這些都會佔據我們，阻礙我們來到全然榮耀之主的面前靜默地等候。雖然起初看似困難，不知如何可以這般靜默地等候，但隨著腦袋和心靈的活動漸漸沉寂下來，其後的每個努力都將有所回報。

> 我們將會發現它在我們身上成長，而這一小段靜默崇拜的時間將會帶來平安和安息，叫我們不只在祈禱中得到祝福，更是整天都蒙福。[5]

每天操練兩次歸心祈禱，每次最少二十分鐘，有助我們在日常生活中與主同行。一次的操練是維持這狀態所必需的，兩次的操練則帶來成長。可以考慮在大清早進行第一次祈禱，然後在午間稍後時間或黃昏進行第二次的操練。時間的選擇視乎你的日程。有些人會利用午膳時間，有些人則在回家途中走入教堂。有些人在夜深時分進行，但大部分人這時也許已筋疲力竭。每個人都要找最適合自己個人的時間。

祈禱操練

如果在你祈禱的地方有一樣物件象徵上帝的臨在，可花一點時間思想這象徵，以及它所表達的上帝臨在。然後做二十分鐘歸心祈禱。

閱讀詩篇六十三篇 1 至 8 節。關於你每天的祈禱操練，主向你說了甚麼話？把所領受的寫下來。每天劃定一個祈禱時間，對你有甚麼意義？你怎樣可以加強每天的操練？寫下聖靈給你的邀請。

靈修札記

第三十二天

神慰

我愛你。

約二十一 17

如果你的歸心祈禱時間看似沒甚麼事發生，這是可喜的。在歸心祈禱中，我們放下各樣的雜念、言詞、感覺和情緒的經驗。

為了滿足我們的需要，上帝有時會賜下一個感動的經歷。我在二○○一年參加了一個在密歇根州布魯克林的沙雷中心（De Sales Center）舉行的退修會，期間強烈經歷到了上帝的愛，叫我心中充滿振奮，淚盈於睫。我可以做的，是以感激的心領受這恩賜，讓上帝強烈的愛充滿我整個人。

退修會結束時，麥奇諾神父（Father Ken McKenna）講了一堂道，提到耶穌問彼得：「你愛我麼？」彼得回答說：「主啊，是的。」耶穌回應說：「你餵養我的羊。」這個回應似乎在確定我的呼召，去幫助其他人透過祈禱進入一種與上帝相親相愛的關係。憶述這段經歷令我感到鼓舞。我需要有這一刻的經歷。上帝會把我們所需要的賜予我們。

安靜在主前可帶來奇妙的神慰（consolations）。在進行歸心祈禱的過程中，我們有時會具體地感覺到上帝的愛。在另一些時候，喜樂會從心底湧出來。當內心的情緒被攪動，眼睛亦會充滿淚水。當我們在歸心祈禱中獲賜予神慰，就感激地領受吧，但卻不可停留在這些安慰中，而要繼續追求這祈禱的目的：與上帝在一起。

每個人經歷神慰的方式和時間各有不同。所以我們不是帶著期望來做歸心祈禱。在這祈禱中，我們所領受的是與上帝享有一種相愛關係的恩賜，這未必一定是愉悅的感覺或任何其他的回報。不論我們的情緒狀態怎樣，主愛奇異的恩賜照樣臨到我們身上。有時我們會發現情緒被攪動，但許多時候卻不然。

有時祈禱後會帶來身體上的鬆弛。譬如經過一段時間的歸心祈禱，我可能會覺得崩緊的胳膊或腸胃的不適得到紓緩。這操練可以幫助築建一個平靜安穩的心靈水庫。

當我在祈禱中經歷到深深的喜樂和在某些時刻深切地意識到上帝，我會為此獻上感謝。可是，有時卻好像甚麼事也沒有發生。有些時候是枯乾的，這時歸心祈禱就像艱辛地挑著水桶從井裏取水（見第二十天的篇章）。祈禱的工夫變得枯燥，似乎毫無果效。

我曾期望我的歸心祈禱時間會出現一種內心平安的感

覺，但這感覺卻在我經歷人生一次重大的過渡中，就是在我退休前消失了。這種全無神慰的枯乾日子在我離開工作崗位，遷居以至重新適應新居期間一直持續著。

我知道答案不是要放棄這祈禱。雖然一點也不容易，但我在此時卻比任何時候更需要每天進行兩次二十分鐘的祈禱操練。我不曉得該如何逃離這個乾旱的日子。我有五個月的時間停留在這曠野，但期間我卻學會了一些很重要的功課。

我是透過與一些可信任的退修導師交談而學會這些功課的。（當時由於遷徙而還未找到屬靈導師。）我也讀到一本帶給我幫助的書：多馬斯．格林（Thomas H. Green）的《井枯之時：入門後的祈禱》（*When the Well Runs Dry: Prayer beyond the Beginnings*）。這書讓我明白，我所領受的所有神慰都是來自上帝。不論我做甚麼，都不能叫它們發生。假如它們臨到，或當它們臨到，這只是因為上帝選擇了把它們賜下。我發現在黑暗中是沒有問題的。我並不需要情緒的經驗才可領受上帝的臨在。上帝的確**是**在這裏。我的取態是等候，不論是否感覺得到，我仍要以敞開的心領受上帝的恩典。當我沒有得著甚麼，我對主的愛便被煉淨。純潔的愛不期待甚麼回報。

我很欣賞格林的比喻：我們是在浮，而不是在游。當我在游，我要費勁力爭上游。但當我在浮，我容讓水把我浮起，讓水流把我移動。當我們「浮」，我們只管在歸心祈禱過程中讓聖靈的流水引領我們，改變我們。

經過五個月沒有領受神慰，我在一次祈禱中有一刻感覺到全身被觸動。我感覺裏面被喜樂觸動。這乾旱終於結束了。有話臨到我身上：「這是基督。」一如以往，基督確實住在我裏面。這一刻我再次得到奇妙的確據。

從這段枯乾的日子，我學到的功課是在沒有神慰的時候仍可以祈禱。若神慰臨到的話，我不會把它們抓著不放。我明白我不應該依戀著任何感覺或經驗。即使是享受上帝恩典這最快樂的經驗，都比不上上帝自己。只有上帝才配得我們愛慕和依戀。歸心祈禱本身也可以成為我們要避開的一種依戀，因為這方法畢竟是為了幫助我們建立跟上帝的關係。

神慰可以把歸心祈禱騎劫。一個愉悅的感受、一種平安的感覺，甚至是對上帝的一種經驗都可以成為偶像，使我們分心以致離開上帝。歸心祈禱是表達我們為了主的緣故而愛慕祂，而不是為了一己或為了屬靈的快感。在枯乾的時候，我們可以更多以上帝為中心，少以自己為中心，我們放下種種的情緒、感覺和經驗。隨著歸心祈禱漸漸成熟，我們所尋求的已不是感覺，不是思想，不是任何事——而只是上帝。

當抹大拉的馬利亞在墓園看見復活的基督，她想擁抱祂，把祂抓著不放。基督卻不容馬利亞把祂抓著，反而叫她回去，把祂復活的事告訴其他門徒。即使是清清楚楚看見復活的基督，即使是與主最親密的相遇，這些都不是我們要抓著的對象。我們不要依戀這些，而是要以愛和信任把自己獻給上帝。

祈禱操練

用片刻去體會上帝愛你有多深——那是一種無窮無盡和無條件的愛。回想你最深體會這愛的一次經驗，或凝望十字架，瞻仰上帝的愛在基督的受難中傾注在你身上。要知道上帝愛你，即使是在你最不經意的時候。在主愛的確據下，不論你是否感覺得到，做二十分鐘歸心祈禱。當你每次唸誦禱語時，都以此來表達你對主的愛。

閱讀約翰福音二十一章 15 至 17 節。甚麼字特別吸引你？想像你跟耶穌在談話，當祂問你：「你愛我多於一切嗎？」你會怎樣回應？把這對話寫在靈修札記上。耶穌向你要甚麼？也寫在靈修札記上。為基督的愛獻上謝恩的祈禱，求主引導你怎樣去表達這愛。當你結束這段安靜時間，讓主的愛充滿你心。帶著想透徹體會這愛的渴望前行。

靈修札記

第三十三天

在

在你面前有滿足的喜樂。

詩十六11

在我長大的鄉村學校，老師每天第一件做的事就是點名。她會讀出每個學生的名字。當她唸到我的名字，我便要舉起手說「在」(“present”)。其實班上的學生不多，老師肯定知道我是否有上課。但我需要宣告我的出席，以確認我預備好做個學生，且要留心上課。

當我祈禱的時候，我也對上帝說：「在。」當我預備好，存著領受的心，我便留意到上帝臨在的奇妙恩賜。

在教師家長會中，老師告知母親說我愛發白日夢。我的腦袋會花很多時間轉來轉去，幻想著各樣的歷險。當老師想我做算術或唸書，我很多時卻在這樣過日子。

其實當我整個人都「在」，便不會發白日夢。我倒會敏銳地留意此時此刻所發生的事。

當我祈禱時，我是臨在於上帝面前。當我對上帝的留意隨著祈禱而每日俱增，上帝於我生命中的臨在也變得真實起來。我開始每時每刻都能夠覺察到上帝——在所見的每事每物中，也在每個人身上。

在一個美麗的清晨，內子和我回到她在伊利諾州南部長大的村子。我在一條鄉村路上緩步跑，注意到快成熟的豆田和粟米田上蓋了一層金黃色。我凝視著上帝之手所作的工，為著連綿的山丘和蔚藍的天空而感到驚歎。我也看見現代的痕迹和其種種的發明。有兩柱氣體從一座核電廠的煙囪上升起。地平線上最高的建築物不是教堂的尖頂，也不是貯藏塔或穀倉的升降台，而是流動電話的通訊塔。我在想，**我有否在這些人類建造中看到上帝，好像在金黃色的田野所看見的一樣？**這些核能塔看來不祥。會不會有一些恐怖分子會破壞其保護殼，令核幅射洩漏到郊野？——我們不會活在全無危險的境況中，但上帝總在作工。當地的人因這座核電廠所生產的能源而得益。流動電話塔則叫人聯想到我們渴望與人聯繫，從而促進人與人之間的溝通。山嶺和高塔都在述說上帝和鄰舍的愛。——上帝臨在的種種記號把我圍繞。

看到崇山峻嶺和翻騰的浪花，總給我一種驚歎的感覺；歸心祈禱卻幫助我在平凡事物中也能夠漸漸覺察到上帝的臨在。我可以在平凡如家中壁爐的磚頭上，看到上帝的創意。祂造了磚頭的原材料——黏土。祂給人知識和技能設計窰，把磚放在裏面烘乾。砌磚的石匠的力量也是來自上帝。當我望著這塊磚，我看到聖靈的工作。

上帝在每件事上都在作工。邪惡的勢力雖可以闖進來，但主的愛卻永不收回祂的臨在和工作。

在我生命其中一個最黑暗的時刻，上帝「在」那裏。那時約淩晨三時，我從睡夢中醒過來。記得在前一天，內子和我得知她患上卵巢癌的惡耗。在她等候麻醉藥減退的房間，我們獲悉這令人沮喪的診斷。她向我說的第一句話是：「對不起。」似乎她覺得需要為發生在她身上的事和前面要臨到的痛苦道歉。我們心裏感到害怕。

當我在淩晨醒來，我跪在牀前，我問上帝：「在這事情上，祢在哪裏？」結果我得到三個回覆。第一個回覆是：「我在你對你妻子的愛中。」這令我驚異。原來在我對妻子的關懷和愛護中，上帝就在那裏。

第二個回覆是：上帝在那些前來安慰我們的人當中。在我們得知這消息後在醫院病房出現的第一個人是一位牧師，他小時候便已在我服事的教會聚會。今天則輪到他來服事我們。我不曉得他怎樣可以這麼快知道我們需要他的探訪。但他來了，並與我們一起禱告。不久，教會一位幹事也來了。另有一位護士，也是我們教會的肢體，同樣帶來了她的關愛。在這些關懷我們的人身上，我們看到上帝的臨在。

第三個回覆是：上帝臨在於耶穌的受苦中。十字架的圖像浮現在我腦海中。我得著了確據，明白耶穌既為我們死，祂的受苦標誌著上帝在我們面對苦難時也與我們同在。祂顧念我們的苦楚，祂愛我們。

最近我們一家經歷了失去家人的沉痛打擊。我的女婿突然離世。他的離世令我發出了許多人的疑問：為甚麼？為甚麼上帝沒有介入，沒有阻止這事發生？在我的悲傷和憤怒中，我覺得上帝離棄了我。在忙於協助女兒處理許多的事務當中，我發現自己失落了對上帝的專注，並嘗試倚靠自己的力量處理一切要辦的事。惟有歸心祈禱的操練使我脱離苦澀和憤怒，提醒我上帝在我和家人的痛苦和哀傷中與我們同在。當我帶著這種意識，我便見證到無數的愛心行動，感覺到愛和關懷的種種表達方式，而上帝臨在其中是明顯不過的。上帝真實的愛和恩典把我托起，使我能夠扶持和鼓勵其他人。

祈禱操練

回想一個你曾覺察上帝臨在的經驗。回憶一下你知道上帝與你同在的感覺是怎樣的。讓二十分鐘的歸心祈禱成為你覺察上帝臨在的時間，也是你放下種種雜念，臨在於主面前的時間。

閱讀詩篇十六篇。讓經文中一個字觸動你的心。思想主透過這字要對你説甚麼。把你的思想寫在靈修札記上。你在艱難日子學到甚麼？上帝的臨在從不缺席，但我們的臨在有時卻是不確定的。今天對於臨在於上帝面前，對你而言有何意義？

靈修札記

第三十四天

當下的恩賜

〔現在〕⋯⋯今日就可以選擇所要事奉的。

書二十四 15

偉大作曲家柴可夫斯基（Pyotr Tchaikovsky）曾經說，他一生所渡過的日子「就是為過去而婉惜，為明天而盼望，但從未滿足於當下」。[1] 這是多麼悲哀的事。

歸心祈禱的操練幫助我們對此時此刻培養出一份莫大的欣慰。我們開始覺察到上帝臨在於此刻。當我們不理會關於過去和將來的思緒，便可以全情投入於當下。當過去事情的思緒浮現在腦際，我們只管輕輕地回到禱語，同意上帝此刻的臨在。當想到將來可能發生的事，我們也輕輕地回到禱語，覺察上帝臨在於此刻。祈禱之後，我們還把這種對此時此刻專注的態度帶到日間的每時每刻。

有一首打油詩這樣說：「昨天已成為歷史；明天還是奧祕；今天是上帝的恩賜。因此它稱為禮物（譯按：英文 present 一字既解作現在，也解作禮物）。」我喜歡這個說法。一本名為《此刻的聖禮》(*The Sacrament of the Present Moment*)的書幫助我明白此時此刻就是一個恩賜。吉提．瑪格烈(Kitty Muggeridge)把法裔耶穌會高薩德神父(Jean-Pierre de Caussade，1675～1751年)的演講譯為英文。高薩德教導我們過一種順服上帝的生活：「就讓我們把一切交由上主行事，只為自己留下愛和對此刻的順服。」[2]

我為著活在此刻這個奇跡而感謝上帝。我有很長的時間完全錯過了這個祝福。我不是活在過去便是活在將來，因而忽略了現在。我會讓過去的事在重播，想著我可能說過哪樣的話，或哪些說得不錯的話。我會想我可能會採取怎樣不同的行動。很多時候我又讓腦際飛到未來。我會掛慮下一項議程，例如思想下一篇講章，策劃一個活動，或為一個會議作好準備。我花了大量的精力在預計將來出現的情況，因而完全錯過了此刻的奇跡。這就像看著一本書：左頁已成過去；右頁是明天，中間則甚麼也沒有。現在我明白，此刻才是我們真正擁有的。逝去的已經逝去；將來的還未來臨。我們只活在此刻，上帝也在此刻，這是我們能夠經驗生命喜樂的惟一地方。這領悟和歸心祈禱的操練，幫助我得以喜樂的心覺察上帝在**此刻**所賜下的豐盛禮物！

此刻，我接觸到了永恆。上帝是不受時間限制的。上帝活在永恆的現在。我是在時間這個框架中的受造物。因此，我是在此刻領受那永在者愛的臨在。

此刻就是聆聽上帝的時候：「惟願你們今天聽他的話！」(詩九十五7)希伯來書引述了此節聖經，目的是強調現在正是要選擇在基督裏有分的決定性時刻(來三7～15)。約書亞呼籲百姓決定要事奉哪一位。他說：「**現在**你們要敬畏耶和華。」「〔**現在**〕……今日就可以選擇所要事奉的。」(書二十四14～15)耶穌說，不要再為明天憂慮，投入於現在吧：「不要為明天憂慮，因為明天自有明天的憂慮；一天的難處一天當就夠了。」(太六34)當我們專注於此刻，便可以豐盛地活著。

我的孫兒約翰只有三歲，他不喜歡等候，總是焦急地期望事情快點發生。一個炎夏的早上內子和我去探訪他。他問我們當天會做甚麼事。我們心目中有幾個地方想去，但仍未決定要做甚麼。約翰的母親回應：「且看這天會給我們帶來甚麼吧。」

我們那天帶約翰去了遊樂場，參加一場午間的風琴音樂會，午後我們便回到家中。傍晚時，約翰來到坐在客廳的母親那裏，她問道：「可有看到今天給我們帶來了甚麼？」

當我們專注於此刻，便可以看到上帝每天帶給我們的東西。

祈禱操練

就你此時此刻的內在狀況寫一份「天氣報告」。把這報告帶到祈禱中。讓聖靈帶來任何可能需要的改變。覺察上帝於此時此地的臨在。在這種意識中為主獻上二十分鐘的歸心祈禱。

閱讀馬太福音六章 25 至 34 節，耶穌教導我們要放下憂慮，留心上帝在今天的掌權。這教導有甚麼觸動你？這領會對你有甚麼意義？在靈修札記上形容這領會怎樣應用在你身上？祈求基督改變你的態度。讓這種對此刻的意識伴隨著你，完全投入於今天。

靈修札記

第三十五天

山出來了

從前我是眼瞎的，如今能看見了。

約九 25

有一年夏天，內子丹拿（Donna）和我到華盛頓州的積格海港（Gig Harbor）探訪一位表親和她的丈夫，並在他們家裏過夜。翌日，是一個清澈的早晨，我們從表親家廚房的窗戶看到瑞尼爾山（Mount Rainier），於是想駕車到那裏一遊。這一帶地區經常密雲，所以很多時都看不見這山。表親鼓勵我們這天照計劃出發。她從窗戶向外望，然後說：「今天山出來了。」

當然，青山常在，可是雲霧卻可以把這景觀遮蔽。上帝慈愛的臨在也常常在這裏，祂從不缺席。三一上帝總與我們同在，且每時每刻都在作工。但焦慮和我們的依附卻把視線遮蔽。

帶著默觀的眼睛，我們便在萬物中看見上帝。以賽亞書四十四章 18 節提到我們瞎眼，看不見上帝的臨在：「他們並不知道，也不明白；因為耶和華閉住他們的眼睛，使他們不能看見。」(《新譯本》) 約翰福音宣告照亮一切人的真光已來到 (約一 9)。耶穌也說，內心清潔的人有福了，「他們必看見上帝」(太五 8，《新譯本》)。

埃及的馬加利 (Macarius of Egypt，約生於 300 年) 說，無論我們在哪裏尋求那至聖者，我們都會找到祂。上帝無處不在 ── 在我們上面、下面和裏面。喬治・赫伯特 (George Herbert，1593 ～ 1633 年) 寫道：

「我的上帝和君王，求祢指教我，
讓我在萬事萬物中看得見祢。」[1]

藝術家以他們獨到的觸覺，把我們的注意力帶到此刻，就是帶著深邃意識的一刻，從而幫助我們在萬事萬物中看見上帝。當林布蘭 (Rembrandt) 的視力日衰，他的屬靈視力變得尤其敏銳。在其中一幅畫作中，他捕捉了井旁婦人明瞭耶穌所賜活水的一刻。在另一幅畫中，他勾畫出以馬忤斯路上門徒認出他們招呼的客旅是基督的一刻，但一位站在旁邊的侍者卻認不出祂來。在林布蘭臨終前未完成的作品中，有一幅畫刻畫出父親雖然瞎了眼，但卻「看著」他浪蕩的兒子奇妙地歸回。林布蘭臨終時，他畫架上的畫作描繪了西面，他閉上雙目，手抱著嬰孩耶穌說：「我的眼睛已經看見你的救恩。」

歸心祈禱的其中一個果子，是更清晰的洞察力：在我們所遇到的人和事態中都看見上帝的臨在。我們開始以上帝的眼光看人看事。上帝的眼光叫所有的形象更加清晰，使我們更清楚看見上帝的美善和作為。

密歇根州大溪城（Grand Rapids）的僕人教會（Church of the Servant）的洗禮公式是這樣的：「我奉聖父、聖子和聖靈的名給你施洗。願你常常知道上帝的臨在。」

我們的創造主、救主和導師的慈愛臨在，確實是奇異的恩賜。章伯斯這樣描述這恩賜：

> 神同在的真實，不在乎地方，只在乎我們決心把主常擺在面前。許多的問題，都出自不肯信賴祂同在的事實。詩人說：「雖然……我們也不害怕。」若我們依靠祂，也能有同樣的經歷；這不是依靠神同在的感覺，而是抓緊神同在的真實。——「噢，祂原來一直都在這裏！」[2]

我知道自己很多時其實是個無神論者。如果你問我是否相信上帝，我會回答說我信。可是我的生活卻獨自經營，我行我素，不是走在前面便是墮後，沒有與基督同步。雖然上帝的確在這裏，可是我卻失落了對祂的意識。現代生活的步伐也助長我採取這種態度。這時我需要聖經和透過祈禱而被提醒，明白若非上帝，我根本就不存在。如非上帝給我種種的恩賜，我根本甚麼都不能作。當靈性被喚醒，看見上帝的真實，我便可以按著世界的真貌重新進入世界，再次清楚看見上帝掌管著生活中的一切。

一天結束時，我會向自己發出以下兩個問題，我覺得這甚有幫助：「今天我在何處看見基督？」以及「我在何處對祂的臨在視而不見？」這些問題有助我把屬靈的眼睛鍛鍊得更敏銳。

當我目睹一件事，我便是它的「見證人」。我首先要觀察，然後為我所看見的作證。當我看見基督和祂的工作，我便是基督的見證人。

當我們帶著見證，別人便可從我們身上看見基督。最早的門徒據稱能夠被人認出是因為他們確曾與耶穌在一起。當基督轉化之工在我們身上發生，別人便會留意到。在上帝奇異的恩典中，我們平凡的生命可以把上帝的仁愛、喜樂和平安透析出來。這見證是始於我們看見上帝恩典和榮耀的山嶺。

祈禱操練

回想一位對你來說明顯把上帝的仁愛、喜樂和平安透析出來的人。上帝的恩典怎樣在這人身上彰顯出來？為你得到的啟發而謝恩。做二十分鐘歸心祈禱。

閱讀約翰福音九章6至7節和35至39節。讓當中一個字向你說話。讓你的情緒浮現出來，並讓這字衍生出其他的字來。寫下你的靈修札記。為你所領受的獻上感謝。求主給你洞察力，在今天所遇見的每件事和每個人身上看見上帝。求主給你力量和勇氣把祂的愛透析出來。

第三十六天

再現基督

現在活著的不再是我，乃是基督在我裏面活著。

加二 20

當我全情投入地臨在於上帝面前，我也可以成為一個全情投入地臨在於別人面前的人。這是我所能給予的最大禮物。當我臨在，我會顧及他人，全神貫注地留意對方此刻的說話和感受。人人都深切需要這種被明白和關注的禮物，特別是在困苦的時候。服事人的首要任務，是臨在於有需要的人面前。

當我們每天有一段或兩段的時間臨在於上帝面前，在日間其他時間便有足夠的能力臨在於別人面前。當這臨在流自有上帝內住的核心深處，你對別人的臨在便成為祝福。耶穌說：「有兩三個人奉我名聚集，我便會與他們同在。」當我們相遇，基督臨在我們中間。當我們與人交談，我們一同遇上基督。在與別人交往中，我們是把基督再次呈現（re-present）出來。

在主的恩典下，我們被裝備去作陪伴他人的服事（a ministry of presence）。我們每一個人的性格，或多或少都會影響我們所接觸的人。當我們的臨在帶著愛心和鼓勵，便可以為他人帶來祝福。我們也可以說一些幫助別人的話，但最重要的，是臨在這個簡單的行動。

當我們與別人相遇，對方給我們留下的印象會延伸至相遇以外的時間。我們共處的時間愈長，這影響也就愈持久和愈強烈。當對方分享了聖靈在他/她生命中奇妙的感動，我們會深受感動，而這啟迪會留存一段日子。如果對方分享了一件傷心欲絕的哀痛，我們也會感到悲傷，而這悲痛同樣會停留一段日子。我們每個人都會同樣地影響他人。

當我們帶著同理心（empathy）而為別人感到傷痛，我們其實作了甚麼？帶著同情聆聽別人的困苦可能令我們困擾。我們會因為愛那受苦者而感到悲痛。藉著禱告，我們把掛慮帶到上帝面前。我們的祈禱可能包括兩部分。首先，我們可以帶著掛慮來到主面前，等候祂賜下任何話語或領悟，一個可行的想法可能會浮現出來。第二，我們放手，把這些掛慮卸給主。聖靈可進入對方的心中，賜下安慰和引導。這個叫我們痛苦的掛慮其實對雙方都是祝福，即透過我們的同情而把祝福帶給別人。

很多教會充滿著緊張的情緒。可能是因為出現了衝突，或某些會友因著某些理由而感到不滿。我們從系統理論（systems theory）明白到不滿可以影響整個社會系統。

保羅大衛．羅遜（Paul David Lawson）提出了這問題以及歸心祈禱可提供的幫助。操練歸心祈禱的人在行為上比較不是那麼反應性（reactive），因此他們的出現能夠帶來平和的氣氛，為充滿著緊張氣氛的系統帶來一種紓緩作用。羅遜說，當會眾裏面有些人操練歸心祈禱，整個系統便會變得沒有那麼反應性。[1]

當我們每天都進入安靜的時間，便領受內心寧謐的恩賜。耶穌曾應許說：「我留下平安給你們；我將我的平安賜給你們。……你們心裏不要憂愁，也不要膽怯。」（約十四 27）聖靈所賜的果子之一便是平安。

即使退休了，我仍然忙著幹許多事，並會為著要完成所有事而感到疲憊不堪。我需要有安靜下來的時間。每天抽出兩段時間操練安靜，可培植一種內心的平安。這工夫其實是在內裏建造一個平靜的貯水庫。我可以把這水庫帶到日常生活中。當遇到失意、難作的決定，或因所遇的人和處境而感到困擾，這內心的平靜可能會煙消雲散。這時我便需要再進入安靜，讓聖靈再次把基督的平安充滿我。

這內心的平靜是隨著對上帝深深的信靠而增長的。章伯斯在一篇討論馬可福音四章 35 至 41 節的文章中談到「安息的神學」，就是耶穌在風暴中仍能夠在船上睡覺的故事。即使在風暴中，耶穌仍然能夠在上帝裏安息。憑著信心，我們可以安穩地過活，相信上帝即使在波濤洶湧的日子也在作工。章伯斯問道：「我們所學習的，是在上帝面前安靜，抑或以無謂的祈禱而〔讓上帝〕憂心呢？」雖然章伯斯執筆時身處戰亂之秋，他這樣說：

> 今天當我們活著，無論是在個人生活或生活的每一環節中，都是為了證明我們相信上帝，再沒有甚麼比這時機更加光榮了。
>
> 星宿在默默作工，上帝在默默作工，聖徒也在默默作工。[2]

無論何時，上帝都按著祂的慈愛穩妥地作工。上帝是透過聖徒作工的，「這些人因為與主合一而在絕對安息中，因此祂可以透過這些人作祂的工」。[3] 因著主賜下的安息，我們可以在一個緊張的世界中成為一種紓緩的臨在。

祈禱操練

操練至此，你大概已經有一個禱語，讓你在每次做歸心祈禱時使用。它可能是一個字或者是對上帝的凝視，象徵著你內心轉向主，又或是藉著呼吸提醒你聖靈的臨在。這個已選上的記號適宜保留不變。你會愈來愈少想及這符號。它會成為我們潛意識的一部分，在我們發覺自己分心和思想別的事時自然浮現出來。這記號把我們帶到內心的空間，在那裏讓我們暫時把思想的運作放下，來到常常與我們同在的主面前。現在就做二十分鐘歸心祈禱。

閱讀加拉太書二章 19 至 21 節，讓經文當中一個字向你說話。默想這個字，聆聽上帝透過這個字對你說的話。上帝怎樣與你同在？你怎樣把這臨在重新呈現在別人面前？為你要把基督重現的事奉祈求引領。讓所領受的字在你的事奉中引領你。帶著基督的靈所賜下的內心寧謐前行。

靈修札記

第三十七天

放下的恩賜

我也將萬事當作有損的，因我以認識我主基督耶穌為至寶。

腓三 8

我是個「收藏家」。我甚少把東西棄掉；但更糟糕的是，我喜歡收集東西：咖啡杯、郵票、幻燈片、各團體的會議紀錄、大學和神學院的筆記、信件、剪報。我留下兒時的紀念品、中學和大學的信件、證書和獎狀。我從來不忍把一本書毀掉，逛書店時總會帶一兩本書回家。

但當我退休，內子和我遷到較小的房子，這時我不得不把多餘的行李棄置。我們在停車間舉行了一個大型的拍賣會。我賣掉和送出不少書。我們放下了許多物質的東西。

退休後，我學到另一個層面的放下。我要從牧師的角色退下來，一個我擔當了四十年的角色。我能夠擔當這職責服務他人，代表上帝的臨在、安慰和醫治能力，這是我感到恩惠的。當教會按立我為牧師，我是被委任擔當一個服事的崗位。我施行聖餐和洗禮，主持婚禮。我為患病的人禱告，陪伴傷心的人，也與迷惘和孤單的人同行。

這時我要放下這個崗位，單單成為我受洗所成為的人：神的兒子，靠著聖靈的帶領而跟隨耶穌的門徒，名字叫約翰．大衛．邁思勤（John David Muyskens）。這就是我。其他的一切我都可以放下。當邁進人生旅程的新階段，我們往往需要放下一些東西。我們會抗拒；但當我們接受失去，便承受了生命。

少年時，我曾經從一次失去的經驗中學到這功課。在一次遠足中，我遺失了父母在我十二歲生日時送給我的一份夢寐以求的禮物。當天晚上，我帶著傷心失意來到上帝面前，隨之我便經歷到一種奇妙平安的恩賜。在我的失去中，我領受了更大的禮物。

經歷失去可以把我們帶到屬靈的新境界，可是我們無須為此祈求。這些經歷自自然然會臨到。任何患上有死亡威脅疾病的人，都會明白失去健康所帶來的改變。疾病叫人重新排列優先次序。失去健康，失去不能朽壞的感覺，以及承認生命不免一死，都能夠使人對上帝有一份新的倚靠。

生命充滿著得與失。生下來時，我們失去在母腹中的舒適。斷奶時，我們失去母親乳養的安全。正當我們擁有一些東西，同時也開始失去一些東西。正當我們發展新的關係，同時也失去這些關係。當我們年事日長，遇到疾病打擊，我們便會失去健康。最終我們會在死亡中失去肉身的生命——這是終極的放下，接著便進入上帝永恆的愛中。

施洗約翰這樣評論耶穌說：「他必興旺，我必衰微。」（約三 30）保羅這樣向加拉太人寫道：「現在活著的不再是我，乃是基督在我裏面活著。」（加二 20）耶穌說：「凡想要保全生命的，必喪掉生命；凡喪掉生命的，必救活生命。」（路十七 33）他這樣告訴一位少年人：「變賣你所有的，分給窮人……；你還要來跟從我。」（太十九 21）

當我們捨下自己，上帝的恩典便會扶持我們。基廷在默觀外展網絡的週年會議上談到倚靠上帝的恩典。他其中一句話令我留下深刻的印象：「你不會輸掉甚麼，除非你嘗試去贏。」當我們努力要贏，便肯定會輸。當我們放下，便在上帝的膀臂中。

「迎接的祈禱」（"welcoming prayer"）可以幫助我們擁抱發生在我們生命中的任何事情，學習放下。這祈禱由瑪莉．莫索斯基（Mary Mrozowski，1925 ~ 1993 年）所創。在每天的安靜時間中，我會覺察身體出現一些緊張和疼痛，它們會以一種感覺、身體的感官、情緒或思緒的方式呈現出來。這時候，我讓自己沉入這感覺中，然後以**歡迎**這個字作為禱語，擁抱這痛楚或緊張。我在這感覺中歡迎上帝的臨在和行動，並放下對安全和別人贊許的渴望。我也放棄操控，放下要改變這情況的渴望。我降服於上帝的慈愛和基督的醫治面前。[1]

有一個故事談到兩個修道士，一個年長者，一個初學者。一個早上，兩人在修道院中同行。初學者望著那位修德完備的年長修道士，向他提出這個問題：「父親，請告訴我，你現在仍與魔鬼摔跤嗎？」

「噢，孩子，不會了，」他答道。「人老了，也精明了，才不作這回事哩！你看，我現在跟上帝摔跤。」

「跟上帝？」那初學者感到驚歎。「可是，父親，你怎能期望會贏呢？」

「噢！不，不，不，孩子，」年老的修士說。「我只希望輸！」

祈禱操練

閱讀詩篇六十二篇 1 至 2 節。做二十分鐘歸心祈禱。

閱讀腓立比書三章 7 至 11 節。對於你曾失去的東西，感受一下其中的滋味。你要失去甚麼，才能「得著基督，並且得以在祂裏面」？效法基督的死，對你而言是甚麼意思？把你就這段經文的默想和它對你說的話寫下來。逗留多一會在這靜默中，想一下這默想在你日常生活中可以帶來的改變。

靈修札記

第三十八天

投靠上帝的愛

你們已經脫去舊人和舊人的行為，穿上了新人。

西三 9～10

熟悉溜冰運動的人都會寄望關穎珊（Michelle Kwan）這位強勁的選手會在二○○二年的奧林匹克冬季運動會花式溜冰項目中贏取金牌。但結果她飲恨金牌，只得了一銅牌。她在受訪時這樣說：「過去一年，我努力重新燃點我裏面的光。」但演出時她在一個動作中失腳。在初段短途賽事中只得第四名的十六歲選手薩拉．休斯（Sarah Hughes），卻憑著魅力的演出勇奪金牌。後來她這樣分享她的感受：「在進入長途賽，我並不認為自己有機會贏取金牌。我在賽場上並沒有想及獎牌這回事。我出去就是為了溜冰的樂趣。我沒有任何阻礙，只管放心做。」當**我們**嘗試燃點裏面的火，火卻點不成。但當我們放下努力，裏面的光卻燃點起來。

我第一次讀高薩德的靈修訓話（本書頁 146 也有

引述），是來自約翰．比弗斯（John Beevers）的譯本。該書的名稱《父，隨祢安排》（*Abandonment to Divine Providence*），來自高薩德一句話。在閱讀過程中，我深受高薩德描述的信心所啟發。我怎能夠放下對一己的關注，完全讓自己投靠上帝的眷顧？我可否信靠上帝每時每刻都在作工？我開始從高薩德學到我需要做的事，就是在此刻活在愛和順從中，以完全順服的心降服在上帝面前，並安靜地等候祂。

我們總喜歡幻想自己能夠控制一切。當好像九一一這樣的災難臨到，我們才體會到生命的脆弱。一場威脅生命的疾病，所愛的人逝世或一場大災難，都讓我們曉得，我們其實**不能**控制甚麼。[1]

在十五年前，我發現我一條心臟冠狀動脈有九成栓塞，死亡的陰影突然闖進來。結果，我對每一刻生命的恩賜有了新的體會。我在一個新的層次領悟出我其實不在掌控。生命是無常的。我要放下對安全那不切實際的渴求。反之，我可以信靠那位掌管我們命運的上帝，祂是在愛中創造了我們，並以恩典扶持我們的主。

當我們把自己的生命降服在基督面前，便有一位以愛來引導我們的新嚮導。我們會進入一種分享的生命，可以把我們所領受的豐厚禮物分出去，而無須再去囤積和控制。我們最害怕的恐懼不再佔據我們的生命。它們之所以失去轄制的能力，是因為我們知道上帝永遠憐憫的膀臂深過我們最大的威脅。基督完全的愛足可驅散恐懼。

我總喜歡操控。我很難放下對操控和權力的渴望。停留在歸心祈禱的靜默中，就是一種放手的行為。當我在說話，我在行使控制。當我靜默不語，便容讓上帝掌控。

在歸心祈禱中，住在我們裏面的焦慮、痛苦和憂愁可以被釋放出來。基廷稱之為「神聖的治療」(“divine therapy”)。當我們騰出時間安靜，輕輕鬆鬆地坐下來，我們的潛意識便有機會卸下一些深藏在裏面但又尚未處理的東西。過去受傷的記憶和失意可能會湧現出來。當痛苦、哀傷或憤怒浮現出來，它們便可以被卸下來。只要我們回到禱語，這些東西就會被釋放。這釋放是一種健康的操練，給我們帶來內在的醫治。我們偶爾也會意識到一些需要在祈禱以外時間處理的事。在祈禱完畢後，可以把這事寫在札記上，或與一位可信任的輔導員商談。通常當我們温柔地放下自己，便容許「上帝的醫治」在我們裏面工作。

當我們抓著憎恨、苦澀、羞愧或焦慮不放，這些東西便腐蝕我們的靈魂。當我們放下這些負面情緒，醫治便臨到。

當我們把親近上帝的一切攔阻放下，便容許上帝使我們變得完全。當脫下了老我，我們便穿上了基督的仁愛與和平。

祈禱操練

再一次讓你的呼吸象徵你向上帝敞開，以及願意把攔阻你親近上帝的東西一一放下。作緩緩的深呼吸。吸氣時，想像你在邀請上帝的靈改變你。呼氣時，想像你把阻礙你與上帝有親密關係的東西一一放下。騰出二十分鐘做歸心祈禱。

閱讀歌羅西書三章 5 至 15 節。這經文向你說甚麼？寫下一張清單，為了脫下舊人，你需要丟棄甚麼？寫下你的札記。上帝呼召你穿上甚麼真我的特質？求主給你一顆願意被改變的心。當你進入日常的關係和活動中，決定你要穿上甚麼「衣服」。

靈修札記

第三十九天

默觀與行動

住在愛裏面的，就是住在上帝裏面，上帝也住在他裏面。

約壹四 16

有一段時間，我把默觀等同於沒有行動。其實默觀加強我們所作的工，並且引領我們進入活躍的服事。

在默觀狀態下所作的工，效果最好。我稱之為默觀式的工作（contemplative work）。這見解是當我幹枯燥乏味的剪草工作時領悟到的。當我急於要把工作做好，便往往草草了事，事情不會做得好。但當我決定把一些從默觀祈禱所得的領受應用於工作，我便可以更專注進入正在做的事當中。我不再焦急地等著要完工，反而開始在工作中取得樂趣，並且盡力地去做。默觀態度可以令枯燥乏味的工作變得有趣味。即使鋸切一塊木板，這時候你可以欣賞鋸刀的鋒利，也可以為木紋的美麗而讚歎。在洗碗碟時，你可以為光潔的碗碟和美食感恩。每件工作成為了參與上帝之工的一個機會。默觀不但不會叫我們離開工作的世界，反而給我們一個途徑，更全情投入於工作。我會對現實有更敏銳的覺察，而不是脫離現實。

我現在也把默觀的態度應用於駕駛。當然，駕駛時要保持警覺，但默觀的態度並不意味著不留心。相反，它叫我們更加留心，而不會因為要聚精會神而帶來焦慮。以前當我長途駕駛，我會把思想放在目的地，每走過一里便計算還要走多遠。老想著快要到達終點的焦慮愈來愈加增，結果最後的幾里路會變得很痛苦。雖然終點已愈來愈近，但始終還有好幾里路要走。

我現在明白，在旅途中也可以樂在其中。在途中我可以看風景，留意其他大大小小的車輛，聽收音機或錄音帶，與車中同行者攀談——我可以享受此刻。在前赴目的地的旅途中，我可以滿足於當下的處境。在途中帶著默觀的心態，可令旅途本身成為樂趣。

歸心祈禱的操練把我們引領到活躍的服事。默觀給我們深沉的平安，同時也給我們深沉的困擾。它在愛中把我們帶到世界的苦難，也把我們帶到世界的喜樂和美麗。默觀祈禱既引領我們走到獨處之地，也引領我們走到同伴中。我們一起成為了旅途中的同路人，與受苦的人站在一起。為了分享福音，我們會從中心走到邊緣，基督救贖的愛就在那裏擁抱著處於邊緣的人。

默觀祈禱並不包括祈求，但它並非與祈求對立。在沒有話語的默觀祈禱中，我們進入到上帝的慈悲憐憫裏面。我們與在十架上的基督一起祈禱。我們進入上帝為著我們世界的破碎而有的哀痛裏面。我們的祈禱是發自上帝的慈愛，因此它擔負了人間種種疾苦，包括一切罪與疏離、疾病與死亡。當我們同意上帝的臨在和行動，我們會為著一切受造代求。我們加入各地各處的人的所有祈禱中，也參與上帝救贖之工。我們成為了上帝恩典的施與者。

在默觀祈禱中，我們承認上帝國的臨近就在我們裏面，也在我們周遭，這是藉著信心的眼睛看見的。默觀幫助我們以更清晰的焦點，看見人間的需要。我們體會所領受的種種祝福都是邀請，叫我們參與上帝緩減別人痛苦的大工。我們付上一己的責任，使這世界成為公義與和平的羣體。

梅頓在路易斯維爾市（Louisville）一個繁忙路口的經歷，讓他猛然醒悟自己跟所有人的合一。一種對別人的愛從他裏面湧起。他說自己從孤獨的夢中醒過來，看到每個人內裏的美善和深度。他明白當人只要透過上帝的眼睛看自己和別人，這世界便會改變。[1]

對梅頓來說，慈悲憐憫是一道溪流，它湧流自默觀的泉源。

祈禱操練

留意你此刻的感覺。注意身體甚麼地方覺得緊張。留意這處緊張的感覺，然後把它放下。深深吸入一口氣，吸入基督的平安與慈愛。呼氣時，放下藏在裏面的焦慮。做二十分鐘歸心祈禱。

閱讀約翰壹書四章 16 至 21 節。讓經文其中一個字吸引你的注意力。聆聽它向你說甚麼。這對你活在世界的方式、工作的方式以及你與別人交往的方式有甚麼意義？你怎樣分享上帝的愛？把浮現出來的關注帶到主面前，把它們交給主，聆聽祂還有甚麼話要對你說。安頓在默觀的心態，並把它帶到你日常的事務中。

靈修札記

第四十天

默觀與羣體

聖靈所結的果子，就是仁愛、喜樂、和平、忍耐、恩慈……

加五 22

多年前，一位醫生問了我一個甚具先知觸覺的問題：「你真的想自己一手包辦所有事嗎？」這問題把我帶上一條新的路：我需要固定的祈禱操練來滋潤我，讓我履行我奉召要做的事。我發現了歸心祈禱的操練。我所牧養的會友感覺到我裏面有一份新的熱忱。教會的會眾成為了屬靈旅途上互相激勵的羣體。我們在聚會中花上更多時間祈禱和聆聽聖經。這些靈修的操練維持和裝備我們去服事。當我們繼續參與慈惠的事工，這些服事是湧流自被祈禱和敬拜所充滿的泉源。

在歸心祈禱中，我們進入上帝的愛中，這愛所表達出來的，是祂渴望一切受造之物都達到完全（wholeness）。我們會配合上帝的旨意，就是「要照所安排的，在日期滿足的時候，使天上、地上、一切所有的都在基督裏面同歸

於一。」（弗一 9～10）

耶穌說：「你們的光也當這樣照在人前，叫他們看見你們的好行為，便將榮耀歸給你們在天上的父。」（太五16）我們可以像菱鏡一樣。當我們領受了基督的光，這光可透過我們照耀出來。它是以彩虹的色調呈現出來：仁愛、喜樂、和平、忍耐、恩慈、良善、信實、溫柔、節制。（加五 22）

我們這個世界極需要認識它真正的中心。人人都需要經歷生命之源的慈愛，其實我們每天作息存留都在祂裏面。這個支離破碎的世界正陷入自我毀滅的可怕危機中。我們被召，是要把人引向上帝，因為祂的恩典和大能要把一切同歸於一。我們已成為基督使命的一員，要參與創造「一個新人」（弗二 15）。

「公義」一字在希伯來文是 *tsedakah*，意思是對上帝、別人和自己有著正確的態度。當我們與上帝的關係愈來愈深，便會為各種人際關係的公義而努力。

公義可帶來平安（shalom）。Shalom的意思是幸福安好，它具備了很多層面：與上帝和萬物的和諧關係；以感恩的心覺察我們身處的恩典以及上帝的眷顧和掌管；世界亟需要的深層和平；由這種幸福安好流溢出來的仁愛而非敵意。一種對上帝的愛的深切體會，可以把我們轉化為充滿著愛的人。

潘霍華在反對納粹主義的同時，也明白在基督裏團契生活的價值。他在訓練傳道人的聖經學校裏教導他的學生，獨處和安靜不單是為了個人得到滋潤，也是為了建立羣體。[1]

對一個以膚淺眼光看歸心祈禱的旁觀者來說，這操練看似很私人，只以自己為中心。但情況卻恰恰相反。它其實把我們引領到羣體，它永遠不會把我們帶到孤獨的靜止，然後把我們留在那裏。這從來都不是一個自私的玩意，它是把我們帶到上帝，也是一切的創造主那裏，它把我們與萬物連結。

歸心祈禱把我們引領到上帝神聖羣體的愛裏面：聖父、聖子與聖靈。當我們與萬物之源聯合，我們也與萬有合一。當我們與基督聯合，我們也有分於基督為所有人而受的苦難。當我們與聖靈聯合，我們也充滿著對萬物的慈悲憐憫。三一上帝待人的熱切，把我們帶到與上帝所有兒女的合一。

魯布列夫（Rublev）的三一聖像（icon of the Trinity）巧妙地描繪出熱情款客的恩賜。我們在這聖像看見三位使者來到幔利橡樹，造訪亞伯拉罕和撒拉。這圖畫記述了亞伯拉罕和撒拉怎樣款待他們的訪客。這三位訪客以天使的方式顯現，而對魯布列夫來說他們代表著父、子和聖靈。祂們所坐的桌子前面是開放的，意味著邀請我們來分享羔羊的筵席。在桌前的四方盒子像個聖骨盒，令敬拜者想起過去的殉道者和聖徒，也邀請我們加入信心先賢的行列。三一上帝的熱情款待歡迎我們與他們一同來到桌前。

三一上帝的愛不但不會把我們隔離，而且更引領我們進入慈悲憐憫當中。這愛叫我們更覺察到上帝在別人身上的臨在。它把我們帶進一個開放性和歡迎人加入的羣體裏，叫我們充滿著一種樂於款待的愛。

默觀外展網絡由一羣人組成，目的是在歸心祈禱的操練中彼此扶持。他們的目標是「帶著超凡的愛去渡平凡的生活」。在這組織的使命宣言中，它自稱為一個「由個人和小型的信仰羣體組成的網絡，致力透過歸心祈禱的操練，在日常生活中體現福音中默觀的層面。福音中這默觀的層面，是體現於與活著的基督愈來愈深的聯合，以及湧流自這關係而對別人的關懷。」

祈禱操練

閱讀詩篇六十七篇。做二十分鐘歸心祈禱，讓上帝奇妙的愛充滿你。

閱讀加拉太書五章 22 至 26 節。從這段經文選取一個字，並聆聽它給你的信息。把聽到的寫下來。在禱告中祈求聖靈指示，上帝怎樣呼召你去服事祂。你要怎樣參與主在這世界的工作？在這四十天中，你在祈禱操練和經文默想方面學會了甚麼，叫你的屬靈生命得以維持？聖靈給你甚麼邀請？

你可以繼續每天默想聖經，不論是使用每天的讀經表或按書卷閱讀。在聖言誦讀或靈閱的操練中，適宜選取較短的段落，讓經文其中一個字或短句向你說話，並就此默想。到了今天，你大概已經明白，固定地操練歸心祈禱將會每天給你帶來恩典。它可幫助你帶著超凡的愛去渡平凡的生活。

靈修札記

小組閱讀建議

小組組員需在第一次聚會**之前**開始閱讀本書，並按著建議實踐操練。如果大家想有一次閱讀前的聚會，則可以由一位已讀畢全書或熟悉歸心祈禱的人介紹本書，並讓組員互相認識。大家也可以分享祈禱的經驗，以及個人怎樣覺得需要屬靈的操練（可以是一對一或小組進行）。

小組聚會定為每週一次。在聚會當天，組員可以在聚會時間作歸心祈禱，跳過當天的閱讀材料。如果聚會在大齋期的星期天舉行，這方式亦適用，因為星期天並不計在大齋期的四十天之內。小組可以在聖灰星期三開始，然後在大齋期的四十天讀畢全書四十篇。小組無論以何種形式進行，開始時必須向組員說明這閱讀計劃如何進行。

第一次聚會

小組圍著圓圈坐，中間放置一個象徵性的物件，例如一枝蠟燭、一個十字架或一本聖經。組長請組員作深呼吸，想像每吸入一口氣便是敞開自己領受上帝的臨在；而每呼出一口氣，則是放下每一個阻礙他們領受上帝臨在的障礙。

小組一起做二十分鐘的歸心祈禱，由一位組員負責計時。計時者開始時可作簡短的開聲禱告，感謝上帝的臨在，並懇求上帝幫助大家在這段祈禱時間放下平時的掛慮。附件提供了米爾瓦基（Milwaukee）一個小組所用的開始禱文（見附錄一，本書頁 183），以供參考。計時者在結束時可輕聲地慢慢唸誦主禱文（不是一起唸）。組長或計時者應在祈禱開始前說明主禱文不是一起唸誦的。

然後以約翰福音十五章 1 至 5 節或另一段經文作小組的靈閱（見附錄三的小組靈閱，本書頁 186）。

在完成靈閱之後，組長可邀請各人與另一位組員分享每天默想操練的情況。

如果時間許可，可以整個小組一起討論靜默祈禱的經驗。記得歸心祈禱的目的不是清除我們的思想。它只是一種方法，幫助我們放下雜念轉向上帝，藉著一個禱語來表達我們同意上主臨在並在我們裏面作工。

第二次聚會

經過了兩個星期對默觀祈禱的探索，小組再聚在一起祈禱和分享。在小組裏一起進行靜默祈禱可以是一個很深刻的經驗，這一經驗層面是單獨祈禱所沒有的。耶穌曾應許：「有兩三個人奉我的名聚會，那裏就有我在他們中間。」（太十八 20）

同樣由其中一位組員負責為二十分鐘的歸心祈禱計

時，開始時可作一個開聲的禱告（例如載於附錄一的禱辭），結束時由他慢慢地輕聲唸誦主禱文。

朗讀路加福音十章38至42節。小組可使用小組靈閱（group lectio）的方法（載於附錄三，本書頁186），或組長可請組員邊聽邊想像自己置身於經文當中：觀看現場的人和事，聆聽聲音，嗅嗅有甚麼氣味，感覺一下氣氛。又或當組長再次緩緩朗讀經文時，帶領各人進入默想，請大家閉上眼睛，進入故事的場景，觀看馬利亞、馬大和耶穌。然後請他們想像這三個人的感受，再請他們參與其中，成為當中的一位門徒，並問他們：當你在觀察所發生的事態，你有甚麼感受？默想結束後，與另一位組員分享這段默想的經驗，並談談你怎樣可以「坐在主的跟前」。

與組員分享默觀祈禱的經驗，談談操練歸心祈禱的時間和地點。

第三次聚會

聚會開始時先做二十分鐘的歸心祈禱。負責計時的組員以開聲祈禱開始，求主賜予大家敞開的心迎接祂的臨在，並且能夠放下掛慮，以信心和愛心與主在一起。二十分鐘的祈禱結束時，計時者會慢慢地輕聲唸誦主禱文。

接著是小組一起做靈閱，可讀馬太福音六章5至8節耶穌關於祈禱的教導。

請各人分享操練歸心祈禱的經驗。可請他們談談每天的閱讀及經文當中最令他們觸動的地方。最後可按剛才討論過的事或各人的需要開聲祈禱。

第四次聚會

小組再聚在一起，彼此扶持和鼓勵。組長可以先作一個簡短的祈禱，並朗讀一句詩篇或其他經文，然後開始二十分鐘的歸心祈禱。結束時由組長慢慢唸誦主禱文（不是一起唸）。

以小組靈閱的方法去默想以弗所書三章 14 至 19 節。這次進行的方式與附錄三所載述的方式稍有差異：把經文讀過兩遍並讓組員有時間默想之後，請他們講出上帝向他們心靈說話的字。經過另一輪的誦讀和靜默，再請組員就靜默時浮現的思想分享一兩句。在第四次誦讀之後，請他們就剛才的默想作開聲的祈禱。

有時間的話，組員可分享過去一週的祈禱經驗。

第五次聚會

經過五個星期的歸心祈禱經驗，小組再次聚會。負責計時者以祈禱開始，祈求各人的心靈向上帝敞開。二十分鐘的歸心祈禱結束時，由他慢慢唸誦主禱文。

以小組靈閱的方法去默想約翰壹書四章 16 至 21 節。

請組員就歸心祈禱的操練分享他們的信仰經驗。這操練怎樣在參加者的生命中起了改變？

第六次聚會

在聚會前先選定經文。以歸心祈禱開始。然後誦讀經文，進行小組的靈閱。

大家可討論一下是否繼續這個祈禱小組，讓各人在祈禱操練以及在不同的處境中跟隨基督的道路上彼此支持。聚會的內容可以有不同的選擇。小組可以單單為了歸心祈禱和信仰分享而聚集，也可以採用小組靈閱的方式，以聖經作為祈禱的材料。小組也可以一起閱讀一本關於歸心祈禱的書籍，或觀看默觀外展網絡所提供的錄影帶。(見附錄四，本書頁 188)

附錄一：米爾瓦基祝禱辭

聖父、聖子、聖靈，

創造主、救主、行聖化之工的主，

求活在我們存在的中心，

我們願意在愛中降服於祢。

願我們的禱語，

就是每當我們有所牽掛時所用的字，

成為我們意願的象徵和記號，

表示我們同意祢在我們裏面的臨在與行動。

米爾瓦基祝禱辭（Milwaukee Benediction）是米爾瓦基的小組每次進行歸心祈禱所使用的開始祈禱。

附錄二：給組長的指引

首先歡迎參加者。

讀出歸心祈禱的指引，特別是為未認識歸心祈禱的朋友。說明祈禱時段怎樣開始和結束以及所需用的時間。祈禱時間通常是二十分鐘。祈禱開始及結束時可用鈴聲表示，這段安靜時間也可用下述禱文開始，最後由組長以主禱文或自發的祈禱結束。如果用主禱文結束，要事先說明由組長誦讀，其他人只需聆聽。

歸心祈禱指引

一、選擇一個禱語。這是一個記號，表示你願意上帝臨在並在你裏面作工。

二、以舒適的姿勢坐下來，閉上眼睛。稍稍安頓下來，輕輕地帶出禱語，作為你願意上帝臨在並在你裏面作工的記號。

三、當想到雜念，只管輕輕地回到禱語。

四、祈禱結束時，讓自己繼續閉上眼睛，安靜多一會。

可使用以下禱文或由組長帶領的祈禱開始：

萬有的源頭、救主、聖靈：

我們歡迎祢臨在於我們存有的中心。

我們願意放下一切，以愛降服在祢面前。

願我們的禱語成為一個記號，

表示我們同意祢慈愛的臨在和在我們裏面的醫治工作。

進行二十分鐘的靜默。

由組長以輕聲慢慢地唸誦主禱文，或由組長自由領禱。

附錄三：小組靈閱

歷代信徒都有使用**靈閱**的方法，透過聖經的說話聆聽上帝。這種特別在修道院使用的祈禱，現在愈來愈被視為一種以經文作為祈禱材料的重要祈禱方式。在靈閱的過程中，你在聆聽上帝要向你說的話。

以小組方式進行的靈閱

小組可參考以下大綱，以靈閱作為默想聖經的方法。組長會把經文讀出，然後請組員作四輪的回應。

在第一次誦讀前，組長先知會參加者，請他們在聆聽經文時讓經文其中一個字在意識中浮出來。告訴他們只需選一個突顯出來的字。第一輪誦讀宜讀兩遍。過了一段安靜時間後，組長會說：「現在，請隨便開聲說出經文中觸動你的一個字。」

當大家都有充分時間把經文其中一個字說出來，接著便是介紹第二輪的經文誦讀。組長會請大家反覆思想他們所領受的字，並說明他們稍後可就這默想分享一兩句。請組員思量以下問題：聖靈在向我說甚麼？這怎樣可以應用在我生命中？把經文誦讀，然後讓大家有時間安靜，默想所領受的字。最後邀請大家發言：「請隨便就你在安靜時間所反省的分享一兩句吧。」

在第三輪誦讀之前，先說明稍後大家有機會就默想時的領受或想帶到上帝面前的事情祈禱。第三輪誦讀後，讓大家有時間作靜默祈禱。然後請參加者就所領受的字或心中所掛念的事開聲祈禱。

在第四輪誦讀之前，先向組員說明在這次誦讀之後的安靜時間，是要讓經文的字沉澱，預備把這字帶回生活中。在結束時作簡單的謝恩禱告，或如果先前未有唸誦主禱文，則可一同唸誦。

附錄四：支持與鼓勵

我們在歸心祈禱的操練中時常需要鼓勵。幸好我們不是孤單一人在操練，有許多資源可供使用。

閱讀有助你更認識歸心祈禱，這方面的書籍有基廷所著的《敞開的心：福音的默觀層面》（*Open Mind, Open Heart: The Contemplative Dimension of the Gospel*）以及基廷和潘寧頓的其他作品。

你可透過「默觀外展網絡」這個支持歸心祈禱的網絡組織，聯絡你住處附近的其他祈禱者。各區的聯絡人可協助提供有關工作坊和祈禱小組的資料。以下是該網絡的聯絡資料：

國際辦事處地址：10 Park Place, Suite 2-B, Butler, NJ 07405.

電郵：office@coutreach.org

網址：www.contemplativeoutreach.org

註釋

第三天 • 內心聖靈的火焰

1. *Living Flame of Love*, in *The Complete Works of Saint John of the Cross*, trans. E. Allison Peers (London: Burns Oats & Washbourne, 1953), 3:18.

第五天 • 讓主帶領我的步伐

1. 參 *Calvin: Institutes of the Christian Religion*, ed. John T. McNeill, trans. Ford Lewis Battles, Library of Christian Classics, vol. 21 (Philadelphia, PA: Westminster Press, 1960), 41；中文譯本參加爾文：《基督教要義》，基督教要義翻譯小組譯（台北：加爾文出版社，2007）。

第七天 • 歸心祈禱的方法

1. *The Cloud of Unknowing*, ed. James Walsh (New York: Paulist Press, 1981), 134；中文譯本參《不知之雲》，鄭聖沖譯（台北：光啟文化事業，2004）。

第九天 • 一位先知的洞見

1. A. W. Tozer, *The Pursuit of God* (Camp Hill, PA: Christian Publications, 1993), 7；中文譯本參陶恕：《渴慕神》，薛玉光譯（香港：宣道出版社，1991）。

2. Tozer, *The Pursuit of God*, xvi.

3. Tozer, *The Pursuit of God*, xvii.

4. A. W. Tozer, "Man: the Dwelling Place of God," in *The Best of A. W. Tozer*, comp. Warren W. Wiersbe（Grand Rapids, MI: Baker Book House, 1978）, 161.

5. Tozer, "Man: the Dwelling Place of God," 162.

6. Tozer, *The Pursuit of God*, 7.

7. Tozer, *The Pursuit of God*, 9.

第十二天 • 滿溢的杯

1. Tozer, *The Pursuit of God*, 11 ～ 12.

2. Gerald G. May, *Addiction and Grace*（San Francisco, CA: Harper & Row Publishers, 1988）, 1.

第十三天 • 安靜

1. Thomas à Kempis, *Of the Imitation of Christ*（New Kensington, PA: Whitaker House, 1981）, 41 ～ 43；中文譯本參肯培斯：《遵主聖範》，章文新譯（香港：基督教文藝出版社，2001）。

第十五天 • 早期教會的祈禱

1. *John Cassian: The Conferences*, trans. Boniface Ramsey（New York: Paulist Press, 1997）, 381.

2. *The Philokalia: The Complete Text*, comp. St. Nikodimos of the Holy Mountain and St. Makarios of Corinth, trans. and ed. by G. E. H. Palmer, Philip Sherrand, and Kallistos Ware（London: Faber and Faber, 1983）, 1:42.

3. *The Philokalia*, 64 ～ 68.

4. *The Philokalia*, 163 ～ 197.

第十六天 • 基督教歷史中的歸心祈禱

1. *Writings from the Philokalia on Prayer of the Heart*, trans. E. Kadloubovsky and G. E. H. Palmer (London: Faber and Faber, 1992), 74～76.
2. *The Cloud of Unknowing*, 119.
3. *The Cloud of Unknowing*, 125.
4. *The Cloud of Unknowing*, 128.
5. *The Cloud of Unknowing*, 128.
6. *The Cloud of Unknowing*, 133～134.

第十七天 • 雜念

1. Oswald Chambers, *My Utmost for His Highest* (Uhrichsville, OH: Barbour and Company, 1963), August 23；中文譯本參章伯斯：《竭誠為主》，蔣黃心湄譯（香港：福音證主協會，1998）。
2. *Calvin: Institutes*, 853～854.
3. *Calvin: Institutes*, 854.
4. John Calvin, *The Epistles of Paul the Apostle to the Galatians, Ephesians, Philippians, and Colossians*, trans. T. H. L. Parker, eds. David W. Torrance and Thomas F. Torrance, Calvin's Commentaries (Grand Rapids, MI: William B. Eerdmans Publishing Company, 1965), 289；中文譯本參加爾文：《以弗所書註釋》，任以撒譯（台北：基督教改革宗翻譯社，1972）。

第十八天 • 非言語所能表達的深邃祈禱

1. Howard Thurman, *The Centering Moment* (New York: Harper & Row Publishers, 1969).
2. Frank C. Laubach, *Prayer: The Mightiest Force in the World* (Westwood, NJ: Fleming H. Revell Company, 1959), 31.

3. Laubach, Prayer, 81.

第二十天 • 重新得力的泉源

1. *The Life of the Holy Mother Teresa of Jesus,* in *The Complete Works of Saint Teresa of Jesus*, trans. E. Allison Peers（London: Sheed and Ward, 1950）, 1:62～111.
2. Teresa of Ávila*, The Life of the Holy Mother Teresa of Jesus*, 111.
3. Teresa of Ávila*, The Life of the Holy Mother Teresa of Jesus*, 112.

第二十一天 • 主的內室

1. Teresa of Ávila, *Interior Castle*, in *The Complete Works of Saint Teresa of Jesus*, 2:187～351.
2. Teresa of Ávila, *Interior Castle*, 247.
3. Teresa of Ávila, *Interior Castle*, 248.
4. Teresa of Ávila, *Interior Castle*, 269.
5. Teresa of Ávila, *Interior Castle*, 276～277.
6. Teresa of Ávila, *Interior Castle*, 276.
7. Teresa of Ávila, *Interior Castle*, 331.
8. Teresa of Ávila, *Interior Castle*, 332.
9. Teresa of Ávila, *Interior Castle*, 332.
10. Teresa of Ávila, *Interior Castle*, 334.
11. Teresa of Ávila, *Interior Castle*, 335.

第二十二天 • 上帝居住在中心

1. Oswald Chambers, *The Place of Help: God's Provision for Our Daily Needs*（Grand Rapids: MI: Discovery House Publishers, 1989）, 167.
2. Chambers, *The Place of Help*, 168.

第二十三天・我們與基督神祕的聯合

1. John Calvin, *The Second Epistle of Paul to the Corinthians and the Epistle to Timothy, Titus and Philemon*, trans. T. A. Smail, eds. David W. Torrance and Thomas F. Torrance, Calvin's Commentaries（Grand Rapids, MI: William B. Eerdmans Publishing Company, 1964）, 91.
2. John Calvin, *The Epistles of Paul the Apostle to the Romans and to the Thessalonians*, trans. Ross MacKenzie, eds. David W. Torrance and Thomas F. Torrance, Calvin's Commentaries（Grand Rapids, MI: William B. Eerdmans Publishing Company, 1961）, 165；中文譯本參加爾文：《羅馬人書註釋》，趙中輝、宋華忠合譯（台北：基督教改革宗翻譯社，1971）。
3. Calvin, *Ephesians*, 167～168.
4. *Calvin: Institutes*, 737.
5. *Calvin: Institutes*, 473.
6. *Calvin: Institutes*, 570～571.
7. *Calvin: Institutes*, 1373.

第二十六天・親密的契合

1. Bernard of Clairvaux, *Sermons on the Song of Songs*, vol. 4, trans. Irene Edmonds, Cistercian Fathers Series（Kalamazoo, MI: Cistercian Publications, 1980）, 191～192.
2. Bernard of Clairvaux, *Sermons on the Song of Songs*, 208～209.
3. *Calvin: Institutes*, 890.
4. *Calvin: Institutes*, 854.
5. Thomas à Kempis, *Of the Imitation of Christ*, 44.
6. Thomas à Kempis, *Of the Imitation of Christ*, 63.

第二十七天 • 心靈的禱告

1. *Calvin: Institutes*, 852.
2. I. John Hesselink, *Calvin's First Catechism: A Commentary*, trans. Ford Lewis Battles（Louisville, KY: Westminster John Knox Press, 1997）, 28.
3. *Calvin: Institutes*, 857.
4. *Calvin: Institutes*, 891～892.
5. *Calvin: Institutes*, 892.
6. *Calvin: Institutes*, 892.
7. Theophan the Recluse in *The Art of Prayer: An Orthodox Anthology*, comp. Igumen Chariton of Valamo, trans. Elizabeth M. Palmer（London: Faber and Faber, 1996）, 110.

第二十八天 • 領受的祈禱

1. *Calvin: Institutes*, 856.
2. *Calvin: Institutes*, 859.
3. *Calvin: Institutes*, 862.
4. *Calvin: Institutes*, 865.

第二十九天 • 邁向另一境界

1. *Dark Night of the Soul*, in *The Complete Works of Saint John of the Cross*, rev. ed., trans. E. Allison Peers（London: Burns Oates & Washbourne, 1953）, 349.
2. John of the Cross, *Dark Night of the Soul*, 354.
3. John of the Cross, *Dark Night of the Soul*, 386.
4. John of the Cross, *Dark Night of the Soul*, 456～457.
5. John of the Cross, *Dark Night of the Soul*, 355.
6. *Living Flame of Love* in *The Complete Works of Saint John of the Cross*, rev. ed., trans. E. Allison Peers（London: Burns Oates & Washbourne, 1953）, 158.

7. John of the Cross, *Living Flame of Love*, 161.
8. John of the Cross, *Living Flame of Love*, 177.
9. John of the Cross, *Living Flame of Love*, 178.
10. John of the Cross, *Living Flame of Love*, 178 ～ 179.
11. John of the Cross, *Dark Night of the Soul*, 404.

第三十天・發乎中心的生活

1. *The Breath of Life: A Simple Way to Pray*, by Ron DelBene with Mary and Herb Montgomery（Nashville, TN: Upper Room Books, 1992）.

第三十一天・每天的祈禱

1. Jane Redmont, *When in Doubt Sing: Experiencing Prayer in Everyday Life*（New York: Harper Collins Publishers, 1999）, 325 ～ 326.
2. *Calvin: Institutes*, 888.
3. *Calvin: Institutes*, 917 ～ 918.
4. *Calvin: Institutes*, 892.
5. George W. Noble, ed., *Book of Prayers for Everybody and for All Occasions*（Chicago, IL: Geo. W. Noble Publishers, 1907）, 126.

第三十四天・當下的恩賜

1. 見 John Varineau 的評論，載於 Grand Rapids Symphony 2001 ～ 2002 season playbill, 67。
2. Jean Pierre de Caussade, *The Sacrament of the Present Moment*, trans. Kitty Muggeridge（San Francisco, CA: HarperSanFrancisco, 1989）, 11.

第三十五天・山出來了

1. "The Elixir," *The Works of George Herbert in Prose and Verse*（New York: John Wurtele Lovell, 1881）, 288 ～ 289.

2. Chambers, *My Utmost for His Highest*, July 20.

第三十六天 • 再現基督

1. Paul Lawson, " Systems Theory and Centering Prayer " in *Centering Prayer in Daily Life and Ministry*, ed. Gustave Reininger（New York: Continuum, 1998）, 89.
2. Chambers, *The Place of Help*, 49～50.
3. Chambers, *The Place of Help*, 49～50.

第三十七天 • 放下的恩賜

1. 見Thomas Keating, *Open Mind, Open Heart: The Contemplative Dimension of the Gospel*（New York: Continuum, 1992）, 124 ～ 125 和 Cynthia Bourgeault, *Centering Prayer and Inner Awakening*（Cambridge, MA: Cowley Publications, 2004）, 150～151。

第三十八天 • 投靠上帝的愛

1. Jean-Pierre de Caussade, *Abandonment to Divine Providence*, trans. John Beevers（New York: Image Books, 1975）, 59.

第三十九天 • 默觀與行動

1. Thomas Merton, *Conjectures of a Guilty Bystander*（Garden City, NY: Doubleday & Co., 1996）, 140.

第四十天 • 默觀與羣體

1. Dietrich Bonhoeffer, *Life Together; Prayerbook of the Bible*, ed. Geffrey B. Kelly, trans. Daniel W. Bloesch and James H. Burtness（Minneapolis, MN: Fortress Press, 1996）.

參考書目

Bourgeault, Cynthia. *Centering Prayer and Inner Awakening*. Cambridge, MA: Cowley Publications, 2004.

Calvin, John. *Calvin: Institutes of the Christian Religion*. Vol. 21. Ed. John T. McNeill. Trans. Ford Lewis Battles. Philadelphia, PA: The Westminster Press, 1960.

Cloud of Unknowing, The. Ed. William Johnston. New York: Image Books, 1973.

De Caussade, Jean-Pierre, *Abandonment to Divine Providence*. Trans. John Beevers. New York: Image Books, 1975.

________. *The Sacrament of the Present Moment*. Trans. Kitty Muggeridge. San Francisco, CA: HarperSanFrancisco, 1989.

Edwards, Tilden H. *Living in the Presence: Spiritual Exercises to Open Our Lives to the Awareness of God*. New York: HarperCollins, 1995.

John of the Cross. *Living Flame of Love*. Trans. and ed. E. Allison Peers. New York: Triumph Books, 1991.

Keating, Thomas. *Open Mind, Open Heart: The Contemplative Dimension of the Gospel*. New York: Continuum International Publishing Group, 2002.

________. *Intimacy with God: An Introduction to Centering Prayer*. New York: Crossroad Publishing Company, 1994.

Lawson, Paul David. *Old Wine in New Skins: Centering Prayer and*

Systems Theory. New York: Lantern Books, 2001.

Pennington, M. Basil. *Centered Living: The Way of Centering Prayer*. Liguori, MO: Liguori Publications, 1999.

Peterson, Eugene H. *Working the Angles: The Shape of Pastoral Integrity*. Grand Rapids, MI: William B. Eerdmans Publishing Company, 1987.

Postema, Don. *Space for God: The Study and Practice of Spirituality and Prayer*. Grand Rapids, MI: CRC Publications, 1997.

Reininger, Gustave, ed. *Centering Prayer in Daily Life and Ministry*. New York: Continuum, 1998.

Teresa of Ávila. *A Life of Prayer, Faith and Passion for God Alone*. Ed. James M. Houston. Minneapolis, MN: Bethany House Publishers, 1983.

Tozer, Aiden Wilson. *The Pursuit of God*. Camp Hill, PA: Christian Publications, Inc., 1993.

靈修著作精選

重整靈性生命，陶冶完善人格。

靈心明辨——在日常生活中體悟上帝的旨意
Discernment: Reading the Signs of Daily Life
盧雲(Henri J. M. Nouwen)、克理斯坦森(Michael J. Christensen)、萊爾德(Rebecca J. Laird)著／黃大業 譯／HK$98

感恩
Uncommon Gratitude: Alleluia for All That Is
卓滌娜(Joan Chittister)、羅雲·威廉斯(Rowan Williams)著／陳恩明 譯／HK$83

信為何物——基督教信仰簡介
Tokens of Trust: An Introduction to Christian Belief
羅雲·威廉斯(Rowan Williams)著／陳恩明 譯／HK$78

禱告不是偽術——返璞歸真的祈禱
Prayers Plainly Spoken
侯活士(Stanley Hauerwas)著／禤智偉 譯／HK$68

當祂在十架上——與侯活士默想基督最後七言
Cross-Shattered Christ: Meditations on the Seven Last Words
侯活士(Stanley Hauerwas)著／紀榮智 譯／HK$58

尋訪古老的屬靈踐行
Finding Our Way Again: The Return of the Ancient Practices
麥拉倫(Brian D. McLaren)著／陳永財 譯／HK$88

凡事信靠——詩篇二十三篇
Trusting God for Everything: Psalm 23
簡·約翰遜(Jan Johnson)著／李小釗 譯／HK$68

扭鬥——信仰動力之所在
A Wrestling People and A Wrestling God: The Dynamics of a Living Faith
梅智理(Jerry Moye)著／周健文 譯／HK$88

生命成長 17 課——學習聖靈果子和八福

羅慶才 著／HK$68

敬虔操練 13 課

羅慶才 著／HK$78

我一直以為，人生是這樣走的——為生命重新導航

Breaking the Idols of Your Heart: How to Navigate the Temptations of Life

艾倫德（Dan B. Allender）、朗文（Tremper Longman III）著／李小釧 譯／HK$98

在生命境況中尋見上帝——給當代讀者的舊約故事

Finding God in the Midst of Life: Old Stories for Contemporary Readers

包衡（Richard Bauckham）、哈特（Trevor Hart）著／紀榮智 譯／HK$78

弔詭的應許——在矛盾中擁抱生命

The Promise of Paradox: A Celebration of Contradictions in the Christian Life

帕克．帕爾默（Parker J. Palmer）著／陳永財 譯／HK$78

隱藏的整全——朝向不再分割的生命

A Hidden Wholeness: The Journey Toward an Undivided Life

帕克．帕爾默（Parker J. Palmer）著／陳永財 譯／HK$88

與潘霍華一同默想主的降生——41 天靈修之旅

God Is in the Manger: Reflections on Advent and Christmas

潘霍華（Dietrich Bonhoeffer）著／陳永財 譯／HK$78

學作主的門徒——與潘霍華一同靈修 40 天

40-Day Journey with Dietrich Bonhoeffer

羅恩．克盧格（Ron Klug）著／李金好 譯／HK$68

禱告與應許——給病患者的 30 天靈修指引

Prayers & Promises: When Facing a Life-Threatening Illness

艾德華．多布森（Edward G.Dobson）著／明朗兒 譯／HK$68

緊扣時代 服事教會

以文字傳揚基督真道

讀者意見表

衷心多謝你購買本社書籍。本社一直致力以出版事工服事教會，幫助信徒扎根於神的話語，促進靈命增長。為使我們的出版更能滿足你的需要，請填寫下列各項資料，並寄回或傳真予本社。

所購書籍：________________

本書最吸引你的地方：

□作者 □適切性 □文筆 □設計 □實用性

□其他：________________

購買本書地點：

□基道書樓 □基督教書店 □非基督教書店

性別：□男 □女 職業：________________

信仰：□基督徒 □非基督徒

年齡：□ 16 歲或以下 □ 17～25 歲 □ 26～35 歲

□ 36～55 歲 □ 56 歲或以上

學歷：□中三或以下 □中五 □預科

□大學 □研究院

□我欲更多了解基道出版社的事工及考慮支持，請寄給我下列資料：

□機構簡介 □新書資料 □基道會員通訊

□《基道文字事工通訊》

姓名：________________ 電話：________________

地址：________________

____

傳真：________________ 電子郵件：________________

其他意見：________________

____

多謝賜教！

意見表可以傳真（2687-0281）或直接郵寄以下地址：

香港沙田火炭坳背灣街26號富騰工業中心1011室

基道出版社編輯部收